故事思维 故事力量

我的教育叙事研究

王金发 / 著

中国出版集团　现代出版社

图书在版编目（CIP）数据

故事思维 故事力量：我的教育叙事研究 / 王金发
著. — 北京：现代出版社，2021.9
ISBN 978-7-5143-9485-6

Ⅰ.①故… Ⅱ.①王… Ⅲ.①教育工作—文集 Ⅳ.
①G4-53

中国版本图书馆CIP数据核字（2021）第188287号

故事思维 故事力量：我的教育叙事研究

作　　者　王金发
责任编辑　张桂玲
出版发行　现代出版社
地　　址　北京市安定门外安华里504号
邮政编码　100011
电　　话　010-64267325　64245264
网　　址　www.1980xd.com
电子邮箱　xiandai@cnpitc.com.cn
印　　制　北京政采印刷服务有限公司
开　　本　710mm×1000mm　1/16
印　　张　10.75
字　　数　172千
版　　次　2022年4月第1版　　2022年4月第1次印刷
书　　号　ISBN 978-7-5143-9485-6
定　　价　45.00元

序 言
PREFACE

不会讲故事的教师不是好教师

（代序）

一位教师是否成功，可能有不同的标准。但我认为最重要的标准是学生喜不喜欢。学生喜欢的教师不一定是世俗意义上的成功教师，但学生不喜欢的教师一定称不上成功的教师。对学生而言，他们最喜欢什么样的教师呢？我在小学、中学、大学工作过，我原以为只有小学生喜欢听故事。事实上，中学生也喜欢听故事，大学生仍然喜欢听故事，只不过他们喜欢听的方式和内容有差别而已。这样推论，学生喜欢的教师类型之一，是会讲故事的教师。

王金发老师是尤其会讲故事的教师。因此，他是深受学生喜欢的。这个结论是我和他共事多年得出的。

对学生而言，他们喜欢听故事或许始于好奇，或许终于兴趣。但教师会讲故事是有目的的，把故事铺陈开来，添油加醋，就变成了叙事。不仅叙生活中的事，还叙教师自己的事，更叙教师教育工作中的事。叙事前、叙事中或叙事后，赋予其教育意义，就成了教育叙事研究。

王金发老师是教育叙事研究的高手。这一点从他近年来笔耕不辍，连续出版8部著作可以看出来。这8部著作并非闭门造车，而是与教育工作紧密结合的智慧结晶。即他在工作中思考，在思考中总结，在总结后形成成果，以影响更多愿意思考、寻求变革和发展的教师。

教育叙事研究一般有如下三大价值：

第一，在叙事中反思。即通过叙事概括、比较与分析，看这样做对不对；有没有更好的方法；如果错了，错在何处；如此等等。

第二，在叙事中创新。即通过叙事找到新的方法、新的途径、新的策略。有可能是对前人方法的集大成，也有可能是独辟蹊径，发现更优的选择。

第三，在叙事中超越。即叙事只是一个载体，通过叙事获得不一样的体验，自己生成独特的感受，也可能通过叙事形成自己的教育价值体系。

上述三点，在本书中分别有精彩的体现，诸位可以从那些活灵活现的案例中获得共鸣，或是会心一笑，或是醍醐灌顶。

王金发老师是极富洞见力的。学生探索数学奥秘，他便研究出了《玩转数学智慧乐园》；学生纠错改错，他便研究出了《小学数学学习病理学》；学生喜欢数学中的玄机，他便研究出了《魔术，改变数学》；学生天生喜欢图画，他便研究出了《数学智慧故事漫画》。他主持广东省名教师工作室期间，更是研究出了《教师团队修炼》。从这个意义上说，一种更宏大的教育叙事便是研究教育创新、教育变革、教育生涯。

李 健

2021年2月

（李健，博士，广西教育科学学科组专家，玉林师范学院乡村振兴研究院副院长兼乡村教育振兴研究所所长）

我想讲故事

（自序）

说是"教育叙事研究"，其实我刚开始是写着玩的。说写着玩，就说明我开始并不在意我自己为什么写、写什么。我只是感兴趣而已，想得高兴了就写。写了一些以后，我就开始发朋友圈，居然得到不少朋友的关爱和点赞，这更激起了我写作的欲望，因为在这样的写作中似乎更能找到真实的自我。写我感兴趣的、随性的，是一种快乐的回望。

记得2018年的一天，我邀请了《小学教学》杂志的主编殷现宾和胡远春老师来我工作室讲课。殷现宾主编从东莞市教育局教研室陈晓燕老师那儿获悉，我写了不少"教育随笔"，就开始向我约稿。我那时好像从梦中醒来一样，原来这个就是"教育随笔"，也可以发表，我很高兴，所以我工作室的微信公众号也开始了"教育随笔"的连载。

一次出差，我与广东省第二师范学院的陈静安教授偶然相遇，交流之中，我就"教育随笔"的事情请教陈教授。陈教授听后颇为赞赏，并给了我建议："建议你从教育叙事研究的角度去审视、去写作。"我听了陈教授的话如醍醐灌顶，于是"教育叙事研究"开始走进我的视野。

叙事研究在教育中的应用，最早可以追溯到1968年，杰克逊应用叙事方法研究学校现场活动，后来，康纳利等人也开始将教育叙事应用于教师的知识研究。2000年左右，国内一大批教育学者如丁钢、张希希等，开始对国外的教育叙事研究成果进行翻译、引进工作。此后，许多学者也对教育叙事开展了卓有成效的探究。目前，教育叙事研究作为一种质性研究方式，已经被广泛运用到中小学一线教师的教育教学工作中，不仅因为其本身的魅力，更多的是叙事研究中的"故事"来源于生活中的教育教学实例，能引起广大教师的共鸣。

在对教育叙事研究不断探究的过程中，我读到了许荣哲的《故事课》《小说课》。许荣哲在书中叙述了讲故事的有效方式，即"靶心人公式"。所谓"故事的公式"，就是问自己七个问题，把七个问题简化之后，就可以得到故事的公式：目标—阻碍—努力—结果—意外—转弯—结局。

因为会讲故事，许荣哲在台湾地区被称为"最会讲故事的人"。

这样讲故事的方式，使故事最大限度地彰显了它特有的魅力。这正如为《故事课》一书写推荐序的罗振宇说的一样："笨拙的人讲道理，聪明的人讲故事。"

许荣哲认为，故事是人类历史上最古老的影响力工具，也是最有说服力的沟通技巧。从小说到电影，从戏剧到演说，无不需要故事思维。这种思维被全球著名趋势专家丹尼尔·平克称为"赢在未来的六大思维之一"。美国顶尖商业者汤姆·凯利也认为"会讲故事的人"是未来社会最需要的十种人才之一。"会讲故事"正在成为一种不可或缺的能力。

许荣哲及其讲故事的事例，让我备受启发，因此，我就把我的教育叙事研究命名为"故事思维　故事力量"，以此表达我对教育叙事这种讲故事形式的一种偏爱吧。

王金发

2021年3月于东莞

目 录
CONTENTS

第三章

教育生活叙事研究

第四章

自传式教育叙事研究

第一章
教育叙事研究概说

第一节　教育叙事研究的兴起与意义

一、教育叙事研究的兴起

教育叙事研究作为一种研究方法，是从文学领域引入的。叙事，最早可以追溯到亚里士多德的《诗集》和奥古斯汀的《忏悔录》。而叙事研究在教育中的应用，最早可以追溯到1968年，杰克逊应用叙事方法研究学校现场活动，后来，康纳利等人也开始将教育叙事应用于教师的知识研究。

2000年左右，国内一大批教育学者如丁钢、张希希等，开始对国外的教育叙事研究成果进行翻译、引进工作。华东师范大学丁钢教授率先倡导教育叙事，并筹划了《中国教育：研究与评论》辑刊，其中刊登了多篇教育叙事研究文章，推动了教育叙事在国内的研究。而华南师范大学刘良华教授在教育叙事研究上也做了卓有成效的工作，翻译了康纳利和克兰迪宁的著作《教师成为课程研究者——经验叙事》，为国内教育者了解教育叙事开启了一扇窗。此后，许多学者也对教育叙事开展了卓有成效的探究。

目前，教育叙事研究作为一种质性研究方式，已经被广泛运用到中小学一线教师的教育教学工作中，不仅仅因为其本身的魅力，更多的是叙事研究中的"故事"来源于生活中的教学实例，能引起广大教师的共鸣。①

---

① 王清平.我国教育叙事研究文献综述［J］.佳木斯职业学院学报，2015（6）.

二、教育叙事研究的意义

教育叙事研究以讲述、分析个体教育故事的形式进行，给广大中小学教师一种亲切感，其"平民化"的研究风格深受欢迎，具有积极的教育研究意义。

（一）寻求情境化的教育意义

教育叙事研究给教育研究注入一股清风，使人们从科学化的研究范式走出来，开始由探究普适性的教育规律转向寻求情境化的教育意义，开始更多地关注生活世界的价值追求。[1]

（二）破解中小学教师研究的瓶颈

教育研究中往往存在着这样一种现象：中小学教师注重实践，却缺乏理论支撑，而教育叙事研究为破解这种瓶颈提供了可能性。教育叙事研究已不再是简单的叙事，而是从教育学、心理学的视角重新审视教育现象，剖析其中蕴含的教育原理。

（三）教育叙事激发教师参与研究的热情

"叙事的真实性也意味着教师独特的观点和独特的情感体验的合理性存在，这样的叙事才是教师个体鲜活生命世界的真实写照，才能成为教师进一步提升的真实的、坚实的基础。"[2]有了独特的观点融入、独特的情感体验、真切的存在感和鲜活的生命世界，才能更好地吸引广大教师积极参与，提高了教师参与研究的热情。

（四）教育叙事是赢在未来的故事思维

教育叙事其实是一种故事思维，从小说到电影，从戏剧到演说，无不需要故事思维。这种思维被全球著名趋势专家丹尼尔·平克称为"赢在未来的六

---

① 吴香琴.教育叙事研究在中国［J］.新课程研究，2014（12）.

② 张典兵.教育叙事：教师专业自我发展的有效途径［J］.教育导刊，2007（11）.

大思维之一"。美国顶尖商业者汤姆·凯利也认为"会讲故事的人"是未来社会最需要的十种人才之一。"会讲故事"正在成为一种不可或缺的能力。

"华语世界首席故事教练"许荣哲的《小说课》《故事课》出版后十分畅销，受到读者的热捧。许荣哲认为，故事是人类历史上最古老的影响力工具，也是最有说服力的沟通技巧。

第二节　教育叙事研究的内涵与基本特征

一、教育叙事研究的内涵

所谓教育叙事研究，是指研究者（主要是指教师）以叙事的方式开展的教育研究。研究者通过对富有意义的校园生活、事件、经验和行为背后的教育思想、教育理论与教育信念的思考，发现教育的本质、规律和价值意义。

另有学者认为，教育叙事研究不直接定义教育是什么，也不直接规定教育应该做什么，它是研究者以叙事、讲故事的形式表达对教育的理解和解释。它只以教育故事的形式，让读者从故事中体验教育是什么或者教育应该做什么。①

二、教育叙事研究的基本特征

教育叙事研究，因其独特性，具有与众不同的特征。

（一）真实性

真实性是教育叙事的基本特征，也是教育叙事赖以存在的基本要素。教育叙事是真实的，不能是虚构的，如果是虚构的，那它就不具有生命力，不具有说服力。它是叙事者的亲身经历或者研究者现场采集的材料，它是教师或者

---

① 王晓晓.教育叙事研究概述及其新发展［J］.教育理论研究，2012（9）.

研究者通过日记、传记、工作总结等方式记录下来的真实故事。

（二）情境性

教育叙事研究是在真实的教学过程中进行的，研究者需要在过程中进行仔细、长期的观察、体验，从而得出研究结果。

（三）启发性

教育叙事研究中的故事，对于他人而言，具有启发性，能使人阅读以后得到启示和教育。叙事者在讲故事时，有明确的价值判断、好恶褒贬和情绪情感倾向。

（四）反思性

反思性是教育叙事研究的另一个重要特征。通过叙事与研究，我们可以对自己的教育教学行为开展一次很好的反思，从而改进教育教学策略。

三、教育叙事研究的基本原则

教育叙事研究的独特要求，决定了开展教育叙事研究有如下几个基本原则。

一是真实性原则。教育叙事研究必须以真实的故事为根基，如此研究才有价值。如果为了研究而杜撰，就失去了故事本该有的价值，而不具有教育意义了。

二是启发性原则。教育叙事研究的故事，对于研究者和阅读者而言，都是具有教育意义的，能启发人们思考，给人们启示。

三是实践性原则。教育叙事研究的故事是研究者亲身经历的，或者是现场采集的鲜活的实践案例，没有经过实践检验的故事，不能成为教育叙事中的"故事"。

第三节　教育叙事研究的分类与叙事构成

一、教育叙事研究的分类

从不同的视角分析，教育叙事研究的分类有很多。

从研究对象的范围看，有广义和狭义的教育叙事研究。

广义的教育叙事研究，指借用教育叙事研究方法进行研究的所有教育研究，这类研究往往是通过对有意义的教育教学事件、教师生活和教育教学实践经验的描述分析，发掘和揭示内隐于日常事件、生活与行为背后的意义、思想或理念。

狭义的教育叙事研究，通常是教师教育叙事研究。

教师教育叙事研究根据研究主体的不同，可以有两种类型：一种是他者对教师的叙事研究，另一种是研究者是教师。后一种类型又可以分为两类：一是教师研究自己，是一种教师叙事的行动研究；二是教师研究其他教师。[①]

美国著名实用主义教育家杜威说："教育即生活。"而我国著名教育家陶行知则说："生活即教育。"可见，教育与生活密不可分。根据教育叙事研究与生活的关系以及教师或者教育研究者的自身特点，在本书中，我把教育叙事研究定义为教师对自己的行动研究。所以把教育叙事研究分成三类：一

---

① 傅敏，田慧生.课堂教学叙事研究：理论与实践［M］.北京：教育科学出版社，2009.

是教学课例叙事；二是教育生活叙事；三是自传式教育叙事。

　　教学课例叙事又分为教学课例反思和教学片段反思；教育生活叙事又分为德育生活叙事、管理生活叙事和学习生活叙事。教育叙事研究的分类如下图所示。

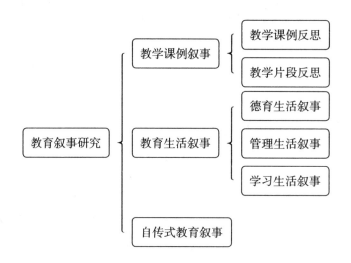

二、教育叙事研究的叙事构成

　　叙事，要做到"有事可叙""叙事有序"，要通过叙事者的眼光，有理、有序地把事情讲述清楚。因而，叙事研究的叙事具有一定的结构或者是基本的逻辑。叙事通常包含以下几个方面内容。

1. 问题产生的背景

　　背景主要是交代事情发生的时间、地点、人物、起因等，但不是要面面俱到，只要把关键的要素表述清楚就可以了。

2. 问题情境

　　问题的情境也就是问题的经过，要做到真实表述，不能杜撰，但是可以根据主题需要有所取舍，以做到凸显问题的焦点及事件的中心。对于细节要精心描写，叙述生动，引人入胜。一般采取叙议结合的方式，在情节描写中抒发感想。

3. 事件的结果

对于结果的表述最好不要独立于叙述之外，而应该尽可能将结果或者效果融于教学事件的叙述过程之中。[①]

教育叙事的构成如下图所示。

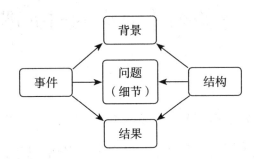

① 陈亚明. 小学数学教学叙事研究［M］. 宁波：宁波出版社，2007.

第四节 教育叙事研究的相关理论基础

教育叙事研究发展到今天，已经越来越受到重视，许多学者和一线教师也积极参与到教育叙事研究中。但是随着研究的发展，一些问题也逐渐凸显。许多教师没有很好地掌握教育叙事研究的基本方法，多是用简单的日记、记叙文等来进行研究，只停留在"教育叙事"而没有达到"教育叙事研究"的层面。主要原因是教师对于教育叙事研究的认识不足，认为教育叙事研究不需要一定的理论支撑，这种"轻视理论"的做法直接导致教育只有叙事而没有研究的结果。为了破解这种现象，我引用浙江师范大学吴香琴教授在《教育叙事研究在中国》一文中的介绍，给大家提供几种教育叙事研究的典型理论。

一、存在主义哲学

萨特认为，存在先于本质，人除了自我塑造外，什么也不是。因此，个体的存在价值和自我解读是存在主义所推崇的。这种思想肯定了将个体教育经验作为研究对象的叙事教育研究。教育叙事的主观性、存在性、草根性都潜藏于存在主义的内核中。

二、杜威的经验理论

杜威说："任何时候我们想要讨论教育上的一个新运动，就必须特别具有比较广阔的或社会的观点。"杜威认为教育即生活，教育即经验。因此，杜威强调教育研究应该从"教育生活、教育经验中选取研究素材，并将这些经验素材上升到理论高度进行反思归纳"。这一论述为教育叙事研究的原点提供支撑，因为教育叙事研究始于教育经验；同时也为教育叙事研究成为一种理论研究提供依据，因为在杜威看来，经验需要被提升为理论。

三、胡塞尔的现象学

胡塞尔现象学的"回归（面向事实本身）""主体间性"和"生活世界"（1970）主张把经验、知识放在括号里悬置起来而直接面对事实。教育叙事研究就是借鉴了现象学方法，通过描述看到的事实，并且是以深描来把握事物之间的关联性，从而把握事物的本真样态，并最终达到教育的目的。

四、后现代思潮

后现代思潮否定现代性思维的整体性、统一性、简单性、稳定性、对象性，倡导多元性、多样性、复杂性、流变性、主体性。利奥塔认为，"以小叙事继续为人类生活编织出意义，并促进小叙事的繁荣，正是后现代主义的任务之一"。从这种思想出发来审视教育，教育研究对象多样复杂、不易把握，需要通过小叙事（经验叙事）来把握特定的教育主体和教育情境。①

---

① 吴香琴.教育叙事研究在中国［J］.新课程研究，2014（12）.

第二章
教学课例叙事研究

2

第一节　教学课例叙事研究的分类与写作

一、教学课例叙事研究的内涵

教学课例叙事研究就是以课堂为研究的焦点，应用叙事研究的方法研究课堂教学发生的现象和教学问题，进而对课堂的教学行为和经验建构获得解释性理解的一种研究活动。

二、教学课例叙事研究的分类

根据研究主体的不同，教学课例叙事研究可以分为三类：一是研究者对教师教学课例的叙事研究；二是教师对自己教学课例的叙事研究；三是教师对其他教师教学课例的叙事研究。根据研究内容的不同，教学课例叙事研究又可以分为完整的课堂教学课例反思和教学片段反思。对于一线教师而言，我们通常把教学课例叙事研究分成两种类型：教学课例反思和教学片段反思。这样的分类是从自身研究的便利出发的。

三、教学课例叙事研究的特点

教学课例叙事研究具有教育叙事的基本特征。但是在具体的研究过程中，教学课例叙事研究彰显了它独有的独特性。

（一）研究课题的确定性

因为研究是针对教师执教的某一节课的，所以它的研究主题和内容是基本确定的，我们主要应立足课堂、聚焦课堂，研究课堂上所发生的事件和现象，通过这些事件发现问题所蕴含的基本思想，并找到解决问题的办法。

（二）研究目标的确定性

因为内容确定，我们对于自己所研究的目标也是基本确定的，就是要通过研究课堂，发现它背后的教育思想和教学理念，并找到更好的解决办法。

四、教学课例叙事研究的基本方法

根据研究的性质，教学课例叙事研究有三大方法：量化研究、质的研究、量化研究与质的研究相结合的研究。

量化研究是用数据和度量来描述课堂教学现象的，与演绎方法更接近，即从一般的原理推广到特殊的情境之中。

质的研究是用文字来描述课堂教学现象，本质上是一个归纳的过程，即从特殊情境中归纳出一般性结论的过程。

不过，量化研究和质的研究经常是不分家的，因为实际上，课堂教学课例叙事研究是一个质与量的研究相结合的连续统一体。

量化研究包括实验研究、调查研究等，质的研究包括叙事研究、扎根理论研究、民族志研究、量化研究与质的研究相结合的混合研究，它们都是课堂教学课例叙事研究的有效方法。[1]

五、教学课例叙事研究的写作思考

教学课例叙事研究又可分为教学课例反思和教学片段反思。以下是对教学课例叙事研究的写作思考。

---

[1] 傅敏，田慧生.课堂教学叙事研究：理论与实践［M］.北京：教育科学出版社，2009.

（一）教学课例叙事研究的写作要求

1. 精练

课堂教学课例和教学片段反思，不是简单地复制，更不是"录像式"的反馈，而是要根据主题或者叙事的要求有所选择、有所舍弃的，力求做到精练、到位，且能够准确、简明地说明问题。

2. 真实

课堂教学课例叙事同样也需要真实、客观地叙述事件本身，反映真实问题，从真实的教学现象看到教育背后的问题、原理等。

3. 有价值

课堂教学课例叙事要精选经典的、有代表性的案例，使我们的反思有价值，使学习者看到案例后有学习的冲动。

4. 有提升

课堂教学课例叙事不是简单地呈现，而是要有所突破，让他人看到案例背后蕴藏的道理、思想，从而提升教学认知，实现教与学的突破。

（二）如何开展教学课例叙事研究写作

与其说是写文章，不如说是做文章。对于课堂教学课例叙事，同样需要教师上一节精彩的课（一节失败的课也是可以反思的），然后把这节精彩的课堂呈现给大家，当然不能是简单的录像课或者是课堂的复制，而是要找一个有说服力的视角进行反思，使读者看后恍然大悟、茅塞顿开。

1. 创造一节精彩课堂

上好一节课，当然需要教师精心备课、备学生，然后在课堂上做到游刃有余，关注学生的自主学习，使学生的探究自然生成。

2. 确定一个研究主题

一节好的课，对于教学叙事研究而言，算是成功了一半。如何讲述给同行听，需要教师找一个有说服力的视角，确定一个主题，有条理、准确地讲给别人听。

对于失败的课堂，教师也可以进行反思、整改，重新执教，直至找到有效的教学途径。

3. 教学片段反思凸显焦点

教学片段反思，可以节选其中核心的部分，凸显焦点，做到一事一得，把意思表达清楚。其中，最重要的是要分析现象背后的原理、思想，把对教学片段引发的思考呈现给大家，实现教学智慧共享。

第二节　教学课例叙事研究之教学课例反思

"质的研究"案例

——给算法多样化一个理由[①]

算法多样化后的优化已经成为大多数教师的共识。但是，算法优化什么时候开始？为什么要进行算法优化？很多教师在教学中没有把握好这些点，只是生拉硬扯，学生没有切身体验，许多有个性化算法的学生也会感觉不服气。我近期执教了"分数除以整数"一课，对此进行了探究、尝试，现将课堂片段和感想写下来，与大家交流。

教学片段

1. 算法多样化

分数除法的计算方法是怎样的呢？今天我们先来探究一下分数除以整数的计算法则，看看谁更会动脑筋？（板书课题）

（1）出示例题2：把一张纸的4/5平均分成2份，每份是多少？

师：你会列式吗？为什么这样列式？

（2）引导探究。

4/5÷2等于多少呢？你是怎么想的？请同学们开动脑筋，用学过的知识帮

---

① 本文2009年2月发表于《小学数学》。

助解答，也可以画图、折纸。开始吧！

（3）反馈探究。

方法一：根据题意折纸或者画图表示。（图略）

方法二：利用分数单位思考。

把4/5平均分成2份，就是把4个1/5平均分成2份，每份是2个1/5，就是2/5。

4/5÷2=（4÷2）/5=2/5

方法三：根据算式的意义思考。

把4/5平均分成2份，就是求4/5的一半是多少？也就是4/5÷2＝4/5×1/2＝2/5。

4/5÷2表示把4/5平均分成2份，其中一份是多少？4/5÷2=4/5×1/2=2/5。

方法四：转化成小数。

4/5÷2=0.8÷2=0.4

2. 归纳整理

同学们经过探究，找到了四种不同的方法，大家想想，你认为哪一种方法好？为什么？

生1：我认为画图的方法好，比较好理解。

生2：我认为转化成小数的方法好，这样我们就会做了。

生3：我认为第二种方法好，好计算。

生4：第三种方法好，我们把除法转化为乘法，就可以计算了。

师：究竟哪一种方法好？老师不给出结论，大家等一会儿做题体验以后再说，好吗？

3. 自主体验优化

（1）6/100÷2，你准备怎么做？试一试。

反馈做题情况：

生1：我们是用6除以2，分母不变这种方法做的。

生2：我们是用第三种方法，就是6/100÷2=6/100×1/2=3/100。

生3：我们把它转化成小数，6/100÷2=0.06÷2=0.03。

师：有没有用画图的办法，为什么不用？（学生都说，分母太大，画图很麻烦）

师：对，有时候画图虽很麻烦，但是老师要提醒同学们，画图能帮助大家很好地理解，也是一种不错的方法，只不过它有一定的局限性。

（2）10/11÷5，又怎么做呢？

反馈做题情况：

生1：我们是用10除以5，分母不变这种方法做的。

生2：我们是用第三种方法，就是10/11÷5=10/11×1/5=2/11。

师：为什么没有人把它转化成小数进行计算？

生：因为10/11这个分数不能化成有限小数。

（3）再看7/12÷4，它该用什么方法？

学生做题以后发现，只能用一种方法，就是7/12÷4=7/12×1/4=7/48。

师：为什么不用许多同学喜欢的"用分子除以整数，分母不变"的方法？

生：因为分子7除以4，不能整除。

（4）讨论心得：在练习中，你们发现了怎样的情况？哪一种方法比较适用、具有普遍性？

学生经过这样一个做题训练，一致认为第三种方法比较有普遍性，值得大家去掌握。这时我抓住时机，立即对这种方法进行了归纳、强化。

4. 归纳法则

4/5÷2＝4/5×1/2＝2/5

（1）观察：前后对比，你发现什么变了？什么没有变？（被除数不变，除号变成乘号，除数变成它的倒数）

（2）归纳分数除以整数的计算方法：分数除以整数（0除外），等于分数乘以这个整数的倒数。

（3）剖析概念：0除外；除号变乘号；整数变整数的倒数。

（4）用你发现的规律填空，不计算。

8/9÷5=8/9×（　　　　）　　　　　7/12÷2=7/12○（　　　　）

9/10÷3=（　　　　）×（　　　　）　　3/8÷2=（　　　）○（　　　）

学生经历算法多样化后，通过实际计算体验各种计算方法在不同情境中的局限性，从中自主体验各种方法的优点与不足，给算法优化一个理由，从而顺理成章地实现"算法多样化后的优化"，有效推动后续学习。

质与量化结合研究

——"鸡兔同笼"策略多样化的价值思考[①]

人教版（2011年版）教材，把经典问题"鸡兔同笼"由六年级上册下调到四年级下册，使老课题教学再次成为教师探究的焦点。学习起点、年龄的改变使"鸡兔同笼"教学有了新的挑战，而编者改编的意图又是什么？这些都激发了我探究的兴趣。近期，执教"鸡兔同笼"研讨课，颇有一番感触，而学生答题的情况调查，使我对策略多样化的价值有了更深层次的思考。

一、揣摩编者意图何在

下调教学内容，编者有何用意呢？首先容易想到的是，学生暂时不会用方程解答"鸡兔同笼"问题了。不用方程解答，是因为方程解答有一点难度，当我们假设"鸡有x只"时，方程中会出现小学生难以解答的方程形式。而更重要的是，方程会使"鸡兔同笼"教学的核心思想——假设法被淡化，甚至会使这种思想方法的教学目标流失。规避了方程解答，就有利于我们集中精力开展对列表法、画图法、假设法等多种策略的探究。

---

① 本文2018年3月发表于《中小学数学》。

二、内容与目标的界定

对教学内容的下调，意味着学习者学习起点的改变。内容还是"鸡兔同笼"，学习者却变成了四年级学生，这是一个巨大的挑战，学生还能如六年级学生一样吗？我们是否要降低学习要求？课时分配是否要更充足一些？课时划分是否要更精细一点？这些担忧使我不得不做了一些课前调查，反馈的信息令我受到鼓舞，学生们表现出对于"鸡兔同笼"问题的兴趣，并表示有所了解，由此我确定了教学基本内容：以例题为基本内容，探究策略的多样化和优化（既优化每一种策略本身，也优化整体教学），并应用已有认知和策略开展对于"鸡兔同笼"问题类型的识别。

由此，我把教学目标定位如下。

（1）了解"鸡兔同笼"问题，感受古代数学问题的趣味性；

（2）经历自主探究的过程，体验解决问题策略的多样化和优化；

（3）在解决问题的过程中培养学生的推理能力和实践能力。

而教学重点是"理解并掌握用假设法解决'鸡兔同笼'问题"，难点是"鸡兔同笼"习题类型的识别。

三、过程预设与实践

基于以上思考，我精心设计了教学过程，并进行了教学实践。

（一）激趣导入，引入新课

（1）课前猜教师年龄，凸显"猜"的策略。

（2）笼子里有若干只鸡和兔，从上面数，有35个头；从下面数，有94只脚。鸡和兔各有几只？

这就是我们今天要研究的历史趣题"鸡兔同笼"的问题。（板书课题）

（二）探究交流，尝试解决

（1）为了研究方便，我们把题目里的数字改小一点。

"笼子里有若干只鸡和兔，从上面数，有8个头；从下面数，有26只脚。

鸡和兔各有几只？"

（2）我们一起来看看其中有哪些数学信息。

①鸡和兔共8只；②鸡和兔共有26只脚。还有隐藏的条件："鸡有2只脚，兔有4只脚"。

（3）猜数，引入列表法。

① 教师猜：7只鸡，2只兔，对吗？为什么？8只鸡，0只兔呢？

② 为了更好地记录猜想，老师提供一个表格给你们。

③ 反馈列表法做题情况，优化列表法。

鸡	8	7	6	5	4	3	
兔	0	1	2	3	4	5	
脚	16	18	20	22	24	26	
	×	×	×	×	×	√	

师：很好，通过列表法，我们可以准确地找到鸡和兔各有几只。同学们在应用列表法做题时有什么感受？

生：很麻烦，因为要画表格。

师：其实，我们在练习本上可以不用画出表格的，只要上下数据对齐即可。（一边说，一边把表格线擦掉了）

生：那也很麻烦，因为我们要列出很多数据才可以找对准确数据。

师：观察一下表格，有时，我们可不可以采取更好的列表法，减少一些数据就能找到正确答案呢？可以讨论。

生：（经过讨论、交流，不少学生有了新发现）老师，可以把8平均分成4和4，从中间开始写数据，如果脚少了，就增加兔子的数量，减少鸡的数量；如果脚多了，就减少兔子的数量，增加鸡的数量。（全班送上热烈的掌声）

生：老师，我还有疑问，如果鸡和兔的只数是单数，怎么分？

生：那我们可以尽量平均分，如9只，可以分为4只和5只，或者是5只和4只。

（4）发问，引入画图法。

师：我们知道了列表法，同学们想想，你还知道什么方法？

生：画图法。

师：很好，画图法其实也是一种很好的方法，数学家在探究数学知识的时候，经常用到的就是画图法，这种方法显得有点笨拙，但是很实用。谁知道该怎样画图呢？

生：用圆圈表示鸡和兔，用竖线表示鸡和兔的脚就可以。

师：好，同桌先商量一下该怎样画，再动手，好吗？

学生讨论交流，然后独立做题，反馈做题情况，进行评点、引导。

（5）自学课本，尝试假设法。

师：现在我们来探究假设法，请同学们自学课本，然后与同学交流：假设法是怎样的？（看书，交流后反馈学生阅读理解情况）

师：课本假设全部是鸡，如果让你做题，假设全部是兔，你会做吗？（学生试做，反馈调整，梳理思路）

（6）阅读材料，介绍"吹哨法"。

①吹哨法

"……假设鸡和兔都训练有素，吹一声哨，抬起一只脚，26-8=18只。再吹哨，又抬起一只脚，18-8=10只，这时鸡都一屁股坐地上了，兔子还2只脚立着。所以，兔子有10÷2=5只，鸡有8-5=3只。……"

②用"吹哨法"解决《孙子算经》中的"鸡兔同笼"问题。

(三) 辨析练习，提升认知

下面的习题是"鸡兔同笼"问题吗？你是怎么想的？（如果是，你认为"什么相当于鸡，什么相当于兔子，脚又是什么"？）

1. 有龟和鹤共40只，龟的腿和鹤的腿共有112条。龟和鹤各有多少只？

2. 全班一共有38人，共租了8条船，大船每条可以坐6人，小船每条可以坐4人。每条船都坐满了。大、小船各租了几条？

3. 新星小学"环保卫士"小分队12人参加植树活动。男生每人栽了3棵树，女生每人栽了2棵树，一共栽了32棵树。男女生各有多少人？

归纳总结："鸡兔同笼"问题的特点是，知道两种数量（如鸡和兔）的总数，还知道这两种数量某一属性（如鸡脚和兔脚）的总数量。

（四）趣题举例，拓宽视野

（略）

四、实践调查与分析

对于这样的设计与教学，学生掌握的情况是怎样的呢？我针对学生作业开展了调查、分析。

（一）作业主要内容

1. 笼子里有若干只鸡和兔，从上面数，有10个头；从下面数，有28只脚。鸡和兔各有几只？

2. 在一个大笼子里面关了一些鸡和兔，共有36个头，共有脚100只。鸡和兔各有多少只？

3. 笼子里有若干只鸡和兔，从上面数，有46个头；从下面数，有128只脚。鸡和兔各有多少只？

4. 同学们玩摆三角形和正方形游戏。笑笑共用115根小棒摆了35个图形。你能算出摆的三角形和正方形各有多少个吗？

5. 全班54人，共租了11条船，每条大船坐6人，每条小船坐4人，每条船都坐满了。大、小船各租了多少条？

6. 昆虫专家捉来蜻蜓和蝉共13只。翅膀共有20对（蜻蜓有2对翅膀，蝉有1对翅膀）。你知道蜻蜓和蝉各有多少只吗？

（二）作业情况调查与分析

从总体情况看，学生做题的准确率是（1–36/210）×100%≈82.9%，这个结果，我基本上是满意的。各种题型做题情况分析如下。

第1题，指定用列表法做题，学生做题准确率34/35≈97.1%，正确的做法中有5人采取列表法中的优化法——取中法。

第2至6题，从学生正确解题的答案中，分析解题策略的使用情况。

假设法127人次，列表法4人次，画图法6人次，"抬脚法"1人次，方程2人次。

从作业调查的情况来看，假设法是最受欢迎的，有127人次使用，占总数的72.6%，是大多数。学生不太喜欢列表法和画图法，那么列表法和画图法还要不要学呢？学习的价值在哪儿呢？"抬脚法"的介绍有意义吗？策略多样化的价值何在？

经过分析，我们的回答是，列表法和画图法是一定要学的。原因有三：一是这些方法虽然看起来有点"笨拙"，却是很多数学知识探究很有效的方法，同时列表法、画图法还承载了"有序思考""数形结合"等思想方法的渗透教学。二是这些方法比较好理解，有利于学困生学习。三是从"鸡兔同笼"这节课的整体考虑，本课内容其实都是对"假设"思想方法的运用，而列表法和画图法从不同层面支撑了学生对于假设法的理解，有了前面的铺垫，学生理解假设法就水到渠成了。

至于"抬脚法"，也是很有现实意义的，它在初中的知识中，其实就是"消元思想"。这样既为以后的学习做了铺垫，又给学生介绍了一种简洁的思考方法，开阔了他们的眼界。不过由于时间紧迫，学生理解得不够好，导致应用得少。

基于以上思考，策略多样化的价值至少可以提炼为这样几条：一是提供了多元视角，开拓了学生的思维。二是兼顾了学生差异，允许不同的学生使用不同的策略解决问题。三是策略多样化的相互映照、相得益彰，更好地强化了假设法思想的应用。

第三节　教学课例叙事研究之教学片段反思

关注学生学习方式——斜的不是线段

与概念本质属性没有关系的一些因素也会干扰学生对概念的正确建构，教学中教师要注意引导辨析并避免误导。

案例：斜的不是线段

下图中有（　　　）条线段，有（　　　）个角，有（　　　）个直角。

学生给出的答案是：有（3）条线段，有（4）个角，有（2）个直角。

教师：为什么只有三条线段？

学生：因为上面一条是斜的，它不是线段。

……

为什么斜的不是线段呢？对照概念的形成过程就会发现，学生其实是被概念的非本质属性干扰了，线段的位置变化了，跟已有认知发生了冲突，他们就认为"斜的不是线段"了。产生这个错误认知最直接的原因是教师在教学中忽略了这一点，课堂中有意无意画出的线段常是"水平方向的或者是垂直方向的"，这就在视角上给学生造成了一种错觉，即"斜的不是线段"。因此，教师在教学中要注意概念非本质属性的干扰。

从这个案例中，我们又看到了概念形成过程中的另一个重要现象：由于小学生还处在形象思维比较发达的阶段，形象思维的基本形式是表象，他们建构概念时大多依赖表象来建构，因此表象认知在概念形成过程中有着十分重要的意义。

剖析学生错误原因——不是"粗心"的错

45-19=24的错误，你会认为它是出于什么样的原因？类似的习题还有"75-28=43"等，这种题的错误粗粗一看，真有点"丈二和尚摸不着头脑"，学生究竟为什么会出这样的错呢？后来，我又在其他同学的试卷、作业中发现了类似的错误，几番对照、分析后，才恍然大悟，原来是因为"5+9=14"，所以想到了"15-9=4"，是学生"做减想加"时出现了类似印象模糊叠加导致的错误。

帮助学生找到了错误的原因，我们就要通过针对性练习把学生从错误的认识中"迁导"出来。

针对练习一：

75-29=（44）、54-28=（22）、66-49=（15）、73-69=（2）（括号中的得数是学生的错误答案），这一组练习的目的是让错误的学生继续上当，然后安排学生进行讨论、交流，发现错误。

对比练习二：

5+9=	4+8=	2+9=
15-9=	14-8=	12-9=

对比练习重在引导学生认清计算时记忆错误的真正原因，避免模糊印象的干扰，走出思维误区。

关注学生学习习惯——小女孩与尺子

新学期，我接手了四年级的一个新班级，想了解一下学生们的学习情况，所以组织了一次摸底测试。这是第一次测试，我格外认真。

学生们静静地做着试题，临近考试结束还有20分钟时，我照例提醒大家剩余时间。只听到有不少学生发出紧张的声音："啊！"循着声音，我走近一个小女孩身旁，看到她还有近一半试题没有做，再仔细一看，小女孩试卷做得工工整整，竖式计算用尺子整整齐齐画出了横线，刚做好的一道解决问题，每一步都有序号，而且用尺子画了下画线。她为什么做得慢，我一看就知道了。我立即提醒她不要画下画线了，抓紧时间把剩余的做完。随后，我转身去查看其他学生的试题情况，这一看才发现，有不少学生都像这个小女孩一样，试卷工工整整，但是试题还有不少没有做完。很快考试结束了，为了了解一下真实情况，我没有给他们多余的时间，而是按时收了试卷。

在批改试卷的时候，我发现有不少学生没有做完题。其中那个小女孩也有两道题没有做完，在解决问题的习题中，依然看到小女孩整整齐齐地画着下画线。我及时找到这位小女孩，问她："你时间都不够了，为什么还要画下画线？"小女孩笑了笑，没有说话。我知道，估计她是习惯了。

这个"习惯"让我反省。是什么原因导致他们这样呢？我没有把责任推给以前教师的意思。但可以肯定的是，教师在教学中，为了让学生们的作业更加工整、规范，要求大家都用尺子画出竖式计算的横线，这种做法好不好，不能一概而论，但是因此束缚了学生们手脚的话，那肯定是不好的。

什么是规范？规范是要求，规范是准绳，规范是标尺。但是太多规范一定会束缚学生们的手脚，限制他们的思维，一些没有必要的规范更是要不得，学生们的创新欲望可能就在小小的规范里被扼杀了。

有时，我们会发现，班级里听话的学生很讨我们欢心。可是，为了博得老师的欢心，他们被扼杀了自由的天性，听话的学生到了高年级，数学学习能力可能会下降，为什么？因为他们没有了主动性，而是在等待教师的指令，不敢逾越思维的"雷区"。

尺子是用来测量的，但是如果束缚了学生的思维，那我宁肯把它扔掉。尺子，有时候是一把双刃剑。

研究学生的学习起点——姑妈是谁

记得小时候读过一篇课文，叫作《诚实的孩子》。

故事讲述的是列宁小时候去姑妈家做客，列宁与小朋友们在追逐、玩闹的过程中不小心把姑妈家的花瓶打碎了，姑妈追问是谁打碎花瓶的，列宁如实承认。

课文学完了，我对于课文的内容都懂，也感觉列宁做得很对。但是唯独对于课文中的"姑妈"是谁耿耿于怀。姑妈究竟是谁呢？姑妈，姑姑的妈，按照推理，应该是奶奶，可是我再次认真辨析图片，从图片中看到的女人似乎没有奶奶年龄那么大。我东看看西瞧瞧，看到同学们似乎都懂，我又不好意思问了。"姑妈"是谁？我一直到中学才明白，姑妈其实就是我们客家话中说的"姑姑"。

读中学的时候，我又闹过同样的笑话。政治老师在上课时说："中国是发展中国家。"对此，我深信不疑。后来政治老师又说，"印度、泰国等也是发展中国家"，这时，我又疑惑了：他们又不是中国，怎么也是发展中国家？

后来，在不断地推敲中，我才揣摩明白，原来我在"断词断句"方面犯错了，"发展中国家"应该解释为"发展中的国家"。

通过亲身经历的这两件事情，我明白了：不同的知识起点、不同的视角会造成不一样的认知。推广到我们的教学中，对于学生而言也是一样的。

记得有一次上课讲计算学习，讲授完新知后，我让同学们巩固练习。这时，我让四位同学到黑板前面板书计算。结果让我出乎意料，四位同学中竟然有三位同学做错了。我刚想批评这几位做错的同学，但突发奇想，马上蹲下来，蹲到与他们一样的高度，我惊奇地发现，黑板在我面前竟然出奇地高大、压抑。我瞬间明白了学生所处的学习环境，马上冷静地处理了这一突发的教学事件。

在一次期末考试中，有这样一道题。

看图列出四道算式：

☆ ☆ ☆ ☆ ☆　　　☆ ☆ ☆ ☆ ☆ ☆ ☆

————————　　　————————

————————　　　————————

可是，这道被教师反复强调的计算题，全班竟然有四位同学只列出了两道计算题。这位科任教师很生气，事后找到这几位同学质问："你们为什么只列出两道计算呢？"被教师质问的学生一句话也不敢说。当我知道这件事情之后，我把这几位学生叫到了我的办公室，态度温和地询问他们。其中一位学生小声地说："老师，这里面只有两个格子。"哦，我恍然大悟，在教师看来是四条横线，而在这四位同学的眼中却变成了"两个格子"，只有两个格子，当然只能写两道题了。

从"姑妈是谁"到"只有两个格子"，我有深刻的感悟。

提供适合的学习方式——鸡兔同笼

人教版实验教材六年级下册"数学广角"中有"鸡兔同笼"问题，根据以往的教学惯例，教师都愿意按照教材提供的学习方法循序渐进地进行教学，即画图法、列表法、假设法、方程解。但是，这样的教学每次都感觉美中不足，只有少数学生掌握了几种方法，大多数学生一知半解，甚至还有学生一种方法也不会。

为什么会出现这种现象呢？认真反思后就会发现问题：首先是这种问题本身具有一定的难度；其次是策略的多样化让学生在高难度的解题情境下一时难以接受；最后是教师一味追求"解题策略的高度"，把策略优化的重点放在了假设法和方程解上，而实际上学生最喜欢的画图法却被忽略和优化掉了。

有了这个思考后，我改变了教学程序：列表法→假设法→方程解→画图法，并把重点放在了画图法上，由于有前面列表法、假设法、方程解三种方法的铺垫（这三种方法都不太容易），学生很容易接受画图法给他们带来的便捷，都欢天喜地地说："我会了！"在此基础上，我设计了不同的变式进行练习，待全班同学都掌握了这种方法后，我再引导学生观察这种方法的局限性，学生欣然接受，表示愿意接受其他方法。这样的教学，既大面积提高了学习效果，也兼顾了学生的学习个性，两全其美。

教学反思，可以帮助我们找到学生犯错的真正原因，重新建构学生的学习，这对于学生的后续学习具有积极的现实意义。

反思教师课堂教学行为——包装带有多长

有这样一道题："一个长方体礼品盒，长60厘米，宽30厘米，高40厘米（图略）。在这个长方体上绑上包装带，打结处长15厘米。问需要多长的包装带？"

这是人教版实验教材三年级上册总复习的习题，对于三年级学生而言，的确有一定的难度。所以在考试前两天，教师还对这道题进行了讲评，但是期末考试中还是有许多学生做错。

那么，究竟是什么原因让他们出错呢？我感觉到这可能是一个很好的反思案例，于是首先把反思的镜子转向自己，主动对自己的教学行为进行了一番梳理。又找了不同层次的学生进行交流，还对新教材在这一内容方面的编排进行了查找，这才逐渐明晰了自己的失误。其实对于这道题的解答，学生只是将其建立在学习了四边形（正方形和长方形的周长）的基础上，而对于立方体还没有正式学习，缺乏足够的空间观念。再看其他相应的内容，其中却有很重要的数学思想"平移与旋转"的单元学习。至此，我明白了问题的所在——还是出在教师身上。教师在引导学生解答这道题时，是按立体图形的空间观念进行建构的，引导学生想象看不见的绳子，而忽视了学生在这方面的空白。相反，教师却把"平移"的重要数学思想方法给忽略了。如果教师讲解这道题时采取平移的办法，把捆绑的绳长平移到正对我们的那个长方形四周，不就把问题转化为解答长方形、正方形周长的简单问题上了吗？

反思自己的教学行为，发现自己教学方式的不足，是促进学生有效学习的重要保证。

反思教师的教学理念影响——教师期望心理

教师期望心理是教师对学生学习的一种期望，一般指非显性的教学要求，是一种心理暗示，这种暗示会无形中引导着学生，影响着学生。由于它来自心理，又是学生的心灵感应，所以，它的影响虽然没有立竿见影，却也很深刻，不容易去除，教师应该引起重视。下面以一则案例为例讲解。

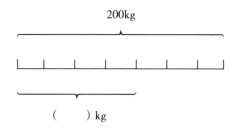

这样的一道看图列式计算并不难，但是考试结束后发现全班49位同学，有13位同学做错了。开始我很纳闷，也有点生气，后来我又去其他班级翻看了试卷，结果错误率都不比我班低。这是什么原因呢？我发动组内教师进行了认真查找，其中一份做题过程给了我们很大启示。

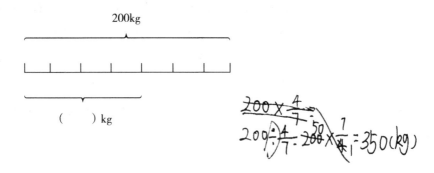

为什么学生开始列式是对的，而后又把它改成了除法计算呢？我找到这位同学询问，他说："老师，$200 \times \frac{4}{7}$，200和7不能约分，计算结果不是整数啊，所以我认为这种列式肯定错了。"听他这么一说，我们陷入了沉思。

从表面上看，是学生仍然缺乏用分数表示结果的意识；再进一步深层思考，我们不得不又把问题转向自己，分数意识的缺乏正说明了教师在教学"分数的意义"时，过分追求简单化，而没有让学生充分经历探究分数形成的过程，致使其元认知过于模糊、简单，从而就没有深刻体验。接着，我们更要思考的是"分数乘法、除法教学"的不足，在教学时为了计算的简便，练习设计的计算结果总是有意无意地经常出现整数或者是真分数，这种无意的心理和行为长期、反复出现，无形中给了学生一个信号：计算结果都比较简单，如果不是，可能就是错了，更有个别教师甚至告诉学生某种不具有普遍性的结论。这种暗示或提示误导了学生，成了"教师期望心理"的病理，并阻碍了学生的学习。教师要善于发现自己在这方面的误导并及时纠正，给学生一个正确的心理暗示。

第三章
教育生活叙事研究

3

第一节 教育生活叙事研究的分类与写作

一、教育生活叙事研究的内涵

首先要说明一点，这里所说的教育生活叙事研究侧重于师生的教育生活体验与感悟，而不是一节课。

教育生活叙事是指研究者以学生、教师、教育管理者及其他民众的教育生活为主题，将已有的教育生活文本或者自身创造的文本作为分析对象，运用各学科研究方法，对文本中所呈现的教育生活进行归纳分析，得到某种真实呈现或理性解释。[①]教育生活叙事不是为了叙事而叙事，而是通过对细小情节质的外显描述，来阐述流动在现象背后的真实，达到理论研究的真实目的。[②]由此可以说，教育生活叙事直面教育现场，贴近教育生活，是一种易操作、可理解的教育教学方式。

二、教育生活叙事研究的分类

根据个人的教学实践经验以及研究的便捷，我把教育生活叙事分成德育生活叙事、管理生活叙事和学习生活叙事以及这三者综合的教育生活叙事。如

[①] 刘训华，徐珊珊. 大学生生活的主体叙事及其特质（1977—1990）［J］. 浙江社会科学，2016（11）：66-71.

[②] 张济洲. 走入教师日常生活的叙事研究［J］. 上海教育科研，2003（7）：67-70.

果从更广泛的视野去看的话，教育生活叙事的研究领域涵盖学校教育、家庭教育以及社会教育等一切人类教育的生活形态。

三、教育生活叙事研究的特点

江苏大学教师教育学院的常娜、曹辉教授发表在《教育与教学研究》上的《教育生活叙事及其理论建构》一文中，归纳了教育生活叙事研究的几个特点：一是教育生活叙事思想的开放性；二是教育生活叙事内容的真实性；三是教育生活叙事情境的鲜活性。

四、教育生活叙事研究的写作思考

对于教育生活该如何开展叙事研究，浙江宁波大学教师教育学院刘训华教授在《浙江社会科学》杂志上发表的论文《论教育生活叙事》中提出了写作的基本模式：呈现—分析—揭示。

刘训华说："教育生活叙事，在理论上结合中外历史学、教育学、叙事学等理论方法，在呈现上的首要因素是原生态；在分析上的首要因素是多维度精准分析的有效方法；在揭示上则通过编码分析和量化分析来实现。"叙事呈现的最核心要素是"原生态"，它由叙事的三个基本要素"真实、真情和有章法"构成。有章法就是在真实、真情基础上的谋篇布局，它体现叙事者的战略思维和结构框架，任何给予美的呈现的叙事，都是其独特的内在逻辑架构。分析叙事文本有两种取向：一是基于过去历史的如实呈现与提炼；二是基于思辨的事物内外在结构性探究。①

在认同以上分析的基础上，我在教育生活叙事研究与写作过程中有几点体会：一是确定主题"宜小不宜大"。教育生活叙事研究主题的确定不要过大，切入点要小，要着眼于学生的行为、教师的教学等，紧紧抓住问题

---

① 刘训华. 论教育生活叙事 [J]. 浙江社会科学，2020（2）：95-102.

第三章　教育生活叙事研究

3

的本质，追溯问题的源头。二是叙事研究要做到"一事一得"。从学生的日常生活入手，从学生的小事入手，于平常中见深刻，于细微处见精神，着眼于一事一得，通过对一些细小的事的反思，提升对于教育教学行为的认知。

第二节　教育生活叙事研究案例

关注学生的生活状况——堂哥如富辍学的故事[1]

记得读小学的时候，堂哥如富跟我一起上学。开始，我们在分部读书，同学们都相安无事。可是，到了校本部读书的时候，意外的事情发生了。由于教学的规范，教师开始引导我们用普通话交流，堂哥如富的名字便成为同学之间的一个笑柄，因为"如富"和我们当地客家话"提裤子"谐音。同学们在叫我堂哥时，都喜欢边叫边笑，还一边做着提裤子的动作，这种行为激怒了堂哥，弄得他经常和同学们打架。由于这种打架的起因一直没有得到纠正，一个多学期以后，堂哥开始厌倦上学，无论我大伯怎么劝他都不愿意。当然，由于当时我年龄也小，不知道这个原因，也无法替堂哥解忧。

长大以后，我们在笑谈中才了解到堂哥辍学的真正原因，仅是如此简单而可笑，却耽误了堂哥的一生，真是令人扼腕叹息。

作为教师的我，今天回想起这件事情，不得不问一问：老师，你真正为学生分担忧虑了吗？你知道你的学生有哪些苦恼吗？一个小小的苦恼，如果没有得到很好的解决，可能会毁了学生一生。所以，作为教师、作为班主任，我们的工作一定要细致，要想方设法了解学生的内心世界，如此才能更好地为学生的发展服务。

---

[1] 此文2018年3月发表于《小学教学》。

反思教师的教学行为——语文黄老师

小学五年，初中三年，在这八年中，教过我们的老师不少。今天，我要说的是初三时候的语文黄老师。

黄老师人长得不高，在我们看来，是有点矮胖的老头，走起路来有点像企鹅前行，但是不凶。记忆中的黄老师有点"懒"，他讲课文，几乎让我们自学。提前阅读课文，或者是占用课中的时间阅读，在我们看来，那么宝贵的时间，他不讲课文，真的有点"懒"。阅读课文以后，他又是让我们自己谈对于课文的感受。然后在下课前10分钟左右，解答我们的疑问，把课文的重点、考点告诉我们，讲完之后就下课了。

黄老师的表现让我们"尖子班"的同学都很失望。"尖子班"的教师个个都很勤勉，就他懒懒散散的，有时上课连课本也不带。记忆中最深刻的是他讲授古文《曹刿论战》，课前他让我们查找古文字典，把课文中的生字搞懂，上课时，他又让我们对照古文翻译一句一句读课文，读完以后，就问我们："还有什么疑惑吗？"解答完了，他把课文给我们的启示抄在了黑板上，我们照着写下来。20分钟不到，黄老师就宣布："好了，可以到外面晒太阳了，条件是要把课文背下来。"说完，他自己也拿把椅子，坐在走廊上。寒冬的太阳照在身上，的确舒服极了，全班同学有说有笑，一节课很快就过去了。至于同学们对于课文有没有掌握，谁也不知道。

那时候，因为师资很紧缺，黄老师还要教我们唱歌，就是兼上音乐课。估计黄老师知道的歌曲并不多，他就教我们唱很古老的那种，有首歌曲我至今仍记得，歌名叫作《韭菜开花一管子心》，歌曲不长，只有四句，反反复复。在我们看来，这是一首很搞笑的歌曲，我们就半调侃式地跟着唱，黄老师并不介意，只要我们大声唱就可以了。分组唱，表演唱……大家闹哄哄的，却很有激情，黄老师不断表扬我们，说一次比一次唱得好。

在语文课、音乐课上，似乎黄老师都不太管我们，我们除了感觉很开心之外，好像没有什么收获。期中考试、期末考试一晃就来到，考试成绩出来以后，我们都诧异了，原来我们的语文成绩还不错。

现在回想起当初，有点"懒"的黄老师倡导的就是"自主学习"吧，不过以前没有这么时髦的说法。音乐课，那简直是我们的"发泄课"，只有在音乐课上才可以有那样的表现。

有时，朴实的教育直击教育智慧。怀念我的语文黄老师！

研究学生的校园生活——母校泥洋小学

泥洋，这个土洋结合的小地方名，是一个曾经让"厦门知青""爱恨两难"的地方。据说，在"上山下乡"的年代，有不少厦门知青分配到我们"公社"，在往各村分派知青的时候，有不少人抢着去"泥洋"，因为"泥洋"与"太平洋"都有一个"洋"，他们估摸着应该不错。到了泥洋，他们才发现，这里是"泥土堆积成山的海洋"，到处是山，是山的海洋，树的天堂。泥洋小学当然也就坐落在群山环抱之中了，学校脚下有条小溪，流水潺潺，一直流向山的远方，在远处撕出一个豁口，给了我们无穷想象。

随着时间的推移，原来的泥洋小学已不复存在，很多事情也已随风而逝，留在脑海中记忆最深的是"劳动课"——"劳身又劳心"的劳动课。

记得学校有很多菜地，前面是菜地，左边是菜地，右边还是菜地，后面也开辟出一小块来。因此，上学后不久，我们就分到一块地，班主任说："准备种萝卜。"我们从家里扛来锄头，开始挖地、翻土，为了增加肥料，班主任说："还要浇上大粪。"那个臭啊，没法说。扛着粪桶上小山坡的时候，谁也不愿意在后头，因为粪桶容易后滑。我是班长，只能在后头。

最有趣的应该是种蓖麻了。老师给我们每人发几颗种子，春天来了，我们种下种子，天天一上学就往菜地看。大约一个星期以后，种子陆陆续续发芽了，大家都欢呼雀跃。这时班主任告诉我们要怎样做，大家都听得很认真，没有插一句嘴，第一次感觉班主任怎么那么有水平。蓖麻长大了，收获了，我们又过去一个学期……

劳动课，我最怕上山砍柴，因为我个子不高，但老师是按照年级分配任务的。五年级时，我们的任务是每个人一个下午要砍好并背回"三趟柴火"，并且不能偷工减料。这时候，就看谁找搭档找得好，有力气的最受欢迎，因为他可以帮助自己。开始时，我很傻，找最要好的同学一起搭档，但是发现他也没什么力气，两人"相依为命"，实在很苦。几趟下来，我终于发现，我可以用我的"学习好"去换"力气大"，于是找到经常帮助学习、作业有问题的"大块头"，那劳动时，我就是"大爷"啦！第一次知道了合作的愉快。可惜当时好像没有这么时髦、新鲜的词语形容我们。

上山砍柴时，出乎意料的事情是常有的。有干坏事的，最多的是把别人砍好的柴火偷偷背回学校充数的；劳动累了、饿了，跑到当地菜园偷挖红薯，这个最有趣，人多不容易发现是谁。老师只好漫天骂一顿了事。也有好事，最好的应该数秋天的劳动，因为山上有很多野果，可以一边采摘，一边劳动。运气好的时候，可以采到很多果实，我们与老师分享，还可以适当减免一些任务。

种水稻的活最累。因为它的节令性很强，每到一定时节就要做相应的事情。"耘田"大家听过吧，其实就是帮稻田除草，然后施肥。那是累人的活，"太阳当空照，虫子照你咬"，一到上午11点左右，稻田的水和着肥料，臭气熏天，直想吐。怎么办？趁老师不注意，我们搅浑了上一畦稻田的水，下一畦稻田也浑浊，我们就直接跳到再下一畦稻田干活，这样的事情很快就败露了，水变清了之后，我们重干不说，还得挨骂。

劳动好像是在挨骂中度过的。但是不知道为什么，大家一点都不记仇，反而感觉老师比上课时还可爱。"因为这个时候的老师也不是真骂，活还得我们干嘛！"有人这样说。反正，我们大家都很开心，劳动也让我们忘记了谁是班长，谁是"学霸"，"谁是那个大笨蛋"，我们经常还求着"大笨蛋"帮忙呢。

我的母校，留给我的竟然是劳动课的"劳身劳心"，我现在才体会到"劳动最光荣"原来不是老师编来骗我们的。

劳动，是全身心的教育。

彰显师生之间的爱——致敬独臂刘老师

在我的母校泥洋小学，总共有五位教师。其中一位王老师、三位刘老师是坚守我们学校的老师。王老师对我最好，是我三、四年级时的班主任、语文老师，是他让我当上了至今仍然沾沾自喜的少先队大队长。可是，在记忆深处搜寻我的恩师时，独臂刘老师时时抢先跳入我的脑海。我想，也许是出于同情、怜悯之心的缘故吧。

记忆中，独臂刘老师是在四年级时教我们数学的。第一天上课时，我们几个都惊呆了：没想到我们的数学老师是独臂，更没想到左手写字的刘老师，字写得出奇的漂亮。回到家，我就神秘秘地告诉我妈："我们的老师是独臂！"妈妈郑重地告诉我，不许歧视刘老师。

刘老师比一般的老师脾气好，很少发火。在课间、课外活动时间，他喜欢就着简易的桌椅一边改作业，一边看着我们活动，有时还把同学找去，当面辅导。

下午放学了，只要不是农忙时期，他都会住在学校。有一年冬天的晚上，炊事员请假，只好由我们几个住宿的同学生火蒸饭。不巧的是，劈开的柴火被淋湿了，而留在厨房的几根干燥的木头，大得我们几个无法搬动，"巧妇难为无米之炊"，我们难的是没有柴火，同学们都急着去找老师。独臂老师来了，我们都有点失望，但是看到刘老师熟练地抢开左臂，又准确地开始劈柴时，同学们都惊呆了。很快，一堆干的柴火出现了，我们迅速生火，望着灶膛跳跃的火苗，我们对眼前的刘老师佩服得五体投地。

3

后来校长来了，他告诉我们："刘老师还很会抓黄鳝呢，这可是他的绝活。"我们都很好奇，一只手怎样从稻田里抓到滑溜溜的黄鳝。有胆大的同学就问刘老师，刘老师一边做着演示，一边说："左手探进黄鳝洞，等你碰到黄鳝的时候，右脚在另一头用力一踩，黄鳝就马上转回，我就顺势抓起黄鳝。"这个描述我至今印象深刻，可是我们后来自己去试验就是不灵，不知道为什么。

记忆最深刻的是有一次留宿，全校只剩下我们三个同学。我们的宿舍是由阴暗、潮湿的旧碾米厂改建的。说是改建，其实只是打扫了一下卫生。人少的时候，我们都不敢住到里面去。校长就把我们三个分配给住校的教师，与他们同宿，我与刘老师住一个房间。那是一个很冷的冬天，睡觉前，刘老师倒出了保温瓶的水给我洗脚，留给他自己的是只够弄湿毛巾的一点水。我傻傻的没有说话，只是默默地接受刘老师的吩咐。睡觉时，我开始是小心翼翼的，但是半夜时分，我分明感受到刘老师温暖的手臂，那是左手，我睡在刘老师的左侧。

小学毕业了，我很少回去看望老师们。等我当老师了，几位恩师仍然坚守在我的母校。但是，有几位民办教师都已经转正成为公办教师，唯独刘老师还没有。后来，我调到县城教书，刘老师偶尔会出来接受培训，受到我邀请时，刘老师会到我家吃点粗茶淡饭，但也出奇地谦恭。

后来，刘老师听说到边远山区单人校任教可以享受政策的倾斜，还能得到转正的机会，他就主动要求去当地的革命老区——南洞自然村任教多年。一次偶然的机会，我们相遇在那个小村庄，我热情地邀请他去朋友家做客，他拒绝了。从朋友不易察觉的眼神中，我知道了一个民办教师在村民中的地位有多么卑微。

刘老师的坚守，在大山里的人看来是那么傻，特别是对于有手艺的刘老师来说。

刘老师是有赚"轻松钱"手艺的。听村民说，刘老师不但有医治蛇咬伤的"独门秘方"，后来还自学了"风水先生"的知识，开始"行走江湖"，村民都估摸他不会再做教师，但就是看不到他的行动。据刘老师同村村民说："那仅仅是他的兴趣而已。"兴趣没有改变他的初衷和挚爱，在他的坚持下，刘老师终于转正成为公办教师了。

听到这个消息的时候，我由衷地高兴。不过，在我看来，已近知天命之年才转正的刘老师，不是范进中举。我认为，他坚守的最大价值就在于坚守本身，这给了我们一个丰碑式的记忆，那是对于教育执着的追求，甘于清贫而人生信仰之灯不灭，这已足够！

刘老师，不是独臂，如果是，那也是我们的"男神维纳斯"。致敬，我的刘老师！

给足学生成长空间——在爱与不爱之间

今天，我找到了回忆我"师范生活"的理由。

1985年7月，我初中毕业，报考了长汀师范并被录取。母亲一方面高兴，另一方面又为我抱屈。看着母亲日渐变白的头发，我没有责怪，默默接受了不能读高中考取大学的现实。接着是我的师范生活，那种漫长而没有目标的学习生活。

对未来方向的一时迷失应该是当时师范生的普遍现象，我也不例外。以前的初中生活就像一只充满了气的篮球，鼓足了劲，往高处蹦跶，现在一下子瘪了，空荡荡的，一无所依。而紧接着的师范生活，让我更加无所适从，我像一只瘪了气的篮球，被扔在墙角，随时接受那不屑的一脚，飞了去。

进入师范后，我遇到的尴尬事情一件接着一件。

记得我从小学到初中，当了八年班长，可是，刚进师范学校，班主任只让我当了一个小小的宣传委员，我的委屈瞬间滋长起来，可惜，这种心情不能跟任何人说。更让我难堪的是，运动会很快就来了，宣传委员肯定要做好班级宣传，可是我一不会画画出板报，二不会写稿报道班级运动会的情况。这种难堪让我无地自容。可恨的是，班里就有几个画画好的、写稿好的，他们像是在故意气我。

紧接着的是我们的学习。原来的语文、数学等文化课的学习，似乎不再受人待见。音乐、美术、体育这些我压根儿瞧不起的"杂科"开始被重视起来。

我五音不全，简谱也是第一次正式接触，那些阿拉伯数字"1、2、3、4、5、6、7"突然都改了名字，开始叫作"哆、来、咪、发、索、拉、西"。磕磕绊绊地学完简谱后，又开始学习"五线谱"，那长满"豆芽"的五线谱简直要了我的命。教我们音乐的是一位女教师，姓江，长得高挑、清瘦，还有点美。记忆中，江老师歌唱得很好，一曲《南湖的船》至今萦绕在我心头。可是，她似乎脾气不好，老是对我们这些"差生"不耐烦，我在战战兢兢中上完了一个学年的音乐课，就不再选修音乐了。后来我选择了图画，就是美术课，"图画图画"，糊糊涂涂画一画，也就过了。庆幸的是，我有点喜欢的二胡老师——郑元亨，仍然教我们学习二胡，一首《八月桂花遍地开》开得满园桂花飘香，《二泉映月》又让我们浮想联翩。那时我才知道音乐可以让人有如此美妙的体验。

令我憋屈的学科还有体育。从小生活在农村的我，似乎认为体育就是跑一跑、跳一跳的课，没有别的东西。想不到到了师范，体育老师硬是折腾出各种新花样来。像是跑步、标枪、铁饼、引体向上、1500米，这些力气活，我还是能够应付的。但是到了师范二年级时，一向慈祥、和蔼的陈秉勋老师搞出了更多新花样来。"杠上前滚翻""头手倒立"，那简直要了我们的命。我和班上几个苦命而又笨拙的同学，就像一头头笨猪，在"杠上"使劲被摔，就是不能过关。我在杠上被摔得开了花，同学们看得心里乐开了花。几周的单独辅导，我仍然不过关，好在陈老师"一怒之下"还是让我"及了格"，至今仍感激不尽。

这些"杂科"让我脸面全失，我像一只穿山甲，把自己包裹起来，"宣传委员"这个角色又让我震怒、发奋，我开始躲进书堆，拼命读书，各种各样的书籍经常让我忘却了那些烦恼的事。我像一只牛虻，趴在牛的身体上拼命呲吸。书看得多了，我也开始偷偷写文章，对于文学的一些见解和知识储备，让文选老师对我产生了关注，邱有舜、张汉洋、郑福信、周存等老师的鼓励，让我看到前面有一丝曙光，不知道从什么时候开始，我有了"文学梦"。

做梦的开始，我也开始跟着做"坏事"。每周三下午，都是学校安排的选修课时间，同学们可以自由选择喜欢的学科进行学习。比较负责任的老师会去功能室巡视指导，但是不点名。那时我便开始逃课，美其名曰，我的爱好是"看录像、电影"，《失火的天堂》《在水一方》《射雕英雄传》这些录像开始进入我的视野，开始时还自责、恐慌，后来这种"坏事"做多了，也就淡定了。学校似乎知道这些，但是老师们都很少说，更没有批评。这种氛围逐渐扩散，有时，感觉"录像厅"好像是我们班级在包场。据说，时任政治处主任的巫老师批评过这种现象，说星期三下午简直是八五（四）班的"小礼拜"。我不记得巫主任是否批评过我们，但我却记得当时全班同学还自以为了不起，说"我们是不读死书的班级，比较灵活"。这种"灵活"，搞得学校领导对我们班级都头疼，三年师范学习愣是活生生地搞出四任班主任来。

上师范三年级时，班主任胡鹏程老师不再让我当宣传委员，他似乎看中了我的"老实本分"，想让我担任生活委员，分管同学们每个月津贴等的发放。这份美差是许多"贪梦"的男同学梦寐以求的，我却不愿意接受，而是选择了学习委员这份苦差事。想想，至今有点"后悔"了。

两年多的学习与生活，使我逐渐不再迷失。而哲学学科的学习，让我瞬间有了脑洞大开的感觉。哲学老师罗明华刚从福建师范大学毕业，他虽年轻但是哲学课讲得"贼好"，为我打开了一扇思考的窗口。历史老师李向阳，矮小却思维敏捷，他不再像初中的老师那样简单呈现历史，而是带着我们思考，用刚学的哲学思想思考。我重新把那个"篮球"找回，鼓足了劲，死命蹦跶。

三年师范生活，似乎在"浑浑噩噩"中度过。混乱中，我却坚定了一件事情，就是自己的文学爱好。毕业后，我参加了自学考试，学习汉语言文学，从专科到本科，像老鼠啃噬，又像春蚕进食，始终没有间断。但是，爱好文学的我，几次挣扎着想从事语文教学，却未能如愿，因为缺数学老师，从此我就成了一名小学数学老师，成了同事口中调侃的"数学老师中最有文学修养的那位"。有了语言文字的一些积淀，我把文学爱好的那一点干劲转移到了教学案例、论文的写作上，开始有了教学论文的不断发表。后来，我又尝试把自己的教学感悟、实践所得写成专著，于是有了《小学数学学习病理学》《玩转数学智慧乐园》《教师团队修炼》《思考，改变教师》等专著出版，似乎有点一发不可收拾的意味了。

回首长长的岁月，我终于有了一些感悟。我知道，长汀师范学校旁的那片梅林不是为我而开的，但是我却在梅林间觅到了别样的春天。"梅林旁，汀水东"的那所学校以更大的胸怀包容了我，成就了我。有时，包容是最好的教育。

据说，当年的梅林已经荡然无存，当年的师范学校也已经改制。但是它已经进入了我的心间，在爱与不爱之间，我不再徘徊！

第四章
自传式教育叙事研究

4

第一节　自传式教育叙事研究的分类与写作

一、自传式教育叙事的产生

自传来自人类"认识自己"和"自我意识"的冲动。自传最初表现为文学传记和历史传记，在社会的不断发展过程中，自传也逐步进入教育研究和教师教育领域。从更广泛的意义上讲，自传总是显示为"教育自传"，理由是：即便自传作者不是教师或教育管理者，他也得叙述自己受教育的成长经历，甚至会回想那些对自己的成长产生重大影响的重要他人。其实，自传从诞生开始就不只是文学题材，在20世纪它还作为研究方法而广泛应用于历史研究、社会学、心理学、教育学等领域。

二、自传式教育叙事研究的分类

教育自传及其体验为读者提供了理解教师个人化实践知识的材料，也为撰写教育自传的教师本人的自我反思和专业成长提供了启动装置。这种以自传开展教育研究的形式，我又把它称为"自传式教育叙事研究"。

刘良华教授在《叙事教育学》一书中把教育自传分为两大类，一类是自我反思，另一类是个人生活史。

自传的写作过程就是一个自我思考的过程，所以蒙田在他的自传性《随笔集》中说，"如果说我创造了这本书，那么也可以说这本书创造了我"；"已经好多年了，我一心思想我自己，我只研究和检验自己，如果我还研究别的，那也只是为了有朝一日把它用于自己，或者更确切地说，为了使它归于自己"。教师在教育自传中讲述自己，就有可能发生自我反思、自我唤醒。教育自传具有自我唤醒和自我反思的效应，所以不少研究者鼓励教师以"讲述自己的故事"的方式来建构自己的个人化教育理论或"保存自己的教育信念"①。

教师个人自传的另一个价值在于，它使教师的"个人知识"（或"个人的实践知识"）在教师"个人生活史"的叙说中不知不觉地显现出来，从而缓解认识自己的疑难。自传让教师不再直接反思自己的个人知识，而是更从容自如地讲述自己的"个人生活史"，包括"专业生活史"以及个人生活中发生的种种事件。教师一旦开启"个人生活史"的话题，便无须强迫自己使用公共语言以及专业概念去强硬地"提升"自己的个人知识，他凭借"个人生活史"的展开而自由进入自己真实的生活世界。这种从容的"个人生活史"的叙述将成为触动专业化的个人知识的反思按钮。教师本人的自我反思将在"个人生活史"的叙述过程中悄然发生。②

三、自传式教育叙事研究的特征

教育自传，或者说是自传式教育叙事研究，有着与其他叙事研究不同的特征。

（一）独特性

因为自传式教育叙事是围绕个人的成长史开展的叙事研究，所以自传式教育叙事研究有着独特性，它独一无二、与众不同。

（二）典型性

自传式教育叙事研究围绕个人成长史展开，在开展叙述的时候，作者本人是有意识地选择了具有典型性、代表性的事件开展探究的，目的是表达某种

① 刘良华.叙事教育学［M］.上海：华东师范大学出版社，2011.
② 刘良华.叙事教育学［M］.上海：华东师范大学出版社，2011.

教育观念或者教育理念。

（三）反思性

反思性是自传式教育叙事研究的另一个重要特征，作者在写作的过程中，会自然而然地对自己所经历的事件开展反思。

（四）普遍性

自传式教育叙事虽然围绕个人成长史开展写作和研究，但是它所表达的教育理念、教育思想对读者而言，应该具有普遍意义，能够促进读者思考，甚至指导读者实践。

四、自传式教育叙事研究的写作思考

自传式教育叙事研究的写作是比较灵活的，既可以反思个人相对完整的成长史，也可以叙述自己在某一个事件或者某一个阶段的过程中得到的教育思考或启发。本书所节选的就是我成长过程中的点点滴滴，希望通过一些小事件引发读者的思考。

第二节　自传式教育叙事研究案例（一）
——爱的滋润

枣　树

小时候，我家房子下方菜地一角有一棵枣树，那是父亲留给我们最鲜活的念想。

枣树的来历颇为神奇，据母亲说，有一次，家里来了客人，吃完饭后，等客人都走了，发现不知是谁留下了一棵枣树苗，已近干枯。父亲随手把它种在菜地的一角，没想就成活了。等我懂事的时候，它已经长到近两层楼高了。

春天来了，它开始抽枝发芽，不久就是满树绿叶。很快，到五、六月间，满树开花，银白色的小碎花缀满枝头，引得满树蜜蜂上下翻飞。

暑假刚到，枣树上早有成熟的枣子缀在枝头，暗红透亮，煞是诱人。蜜蜂勤快，从早到晚都忙着采蜜，只有到傍晚时分，才是我上树摘枣子的时候，枣子有青有红，有大有小，我像只猴子一样满树攀摘，等不及放在口袋里，就在树上边摘边吃。有时摘得累了，就在树杈上寻一舒服处，斜躺假寐。耳边是零星蜜蜂的嗡嗡叫声，透过叶缝，能看到远处的稻田、绿水、青山，近处有鸡鸣狗吠，还会有母亲的叫声，那种既有美味又能休憩遐想的境界实在不多得。有时，小伙伴们来了，我还会与大家一起分享枣子的美味。

　　枣树的出奇还在于它一边开花一边结果的特点，花期长，结果时间也长。记忆中，整个暑假直至农历八月，我都有枣子吃。在那个食物匮乏的年代，枣子如奢侈品，引得邻居们羡慕不已。我的心情亦如枣树，满树阳光追逐鲜花、枣果。漫长的暑假有枣树陪伴，多了很多甜蜜。

　　可惜，我在读小学五年级时，有一次放学回家，发现枣树被砍去了上半截，只剩下光秃秃的下半部分。我愤怒地找到母亲，母亲告诉我，是哥哥嫌弃枣树挡住了晾晒衣服的阳光才砍了的。我暗自气愤了很久，敢怒不敢言。从此以后，枣树提供给我们的枣子就非常有限了。

　　长大后，姐妹们仍然怀念着枣树给我们带来的好。大姐、二姐、三姐陆续外嫁，她们在老枣树下挖了枣树苗，也在自家房前种上枣树。可惜，花开花落，冬去春来，却很少听到她们分享枣树给她们带去的欢乐。

　　自己成家了，也曾想种一棵枣树在阳台上，但是搬离老家许久，老家旧址杂草丛生，树木高过房顶，已很难寻觅枣树苗了。

　　父亲为我们种下的一棵枣树，给我们的童年带来了无限的愉悦。枣树给了我快乐的童年，也给了我教育的启示："给孩子丰富、美好的童年，是父母给孩子最好的投资。"

　　童年里的一棵枣树，已经种在了我们的心里。什么时候我也能为自己的孩子种上一棵枣树？

二　哥

　　今天是八一建军节，我想起了当过兵的二哥。

　　打我记事起，我二哥就已经在部队服役了。那个时代，在我们那个偏僻的小山村，有一个光荣参军的哥哥是何等的荣耀。

　　首先是时不时的书信传递，让村子里的人羡慕。因为我妈不识字，她就会拿着信件找人代读，母亲听着信件的内容，时而高兴，时而落泪，有时也叹息："我就相当于卖掉一个儿子，那么远，什么忙也帮不上。"

话虽这么说，但其实二哥是帮了全家人大忙的。那个时候，大家的衣服都是破破烂烂的，而我三哥就很光鲜。因为二哥把旧的军衣寄回来，三哥正好可以穿，衣服不但没有破，还很威风，军人的样子就出来了。

母亲想着，还有一些衣服怎么改一下可以给我和姐姐穿。我因为小，怎么改都不合适，有一天，母亲突发奇想，把二哥硕大无比的短裤硬生生改成了一条裤子给我穿，我穿着滑稽可笑，母亲笑了，我也笑了，可我还是喜欢穿，因为它拉风、凉快。

读中学时，我们依然穿二哥给的衣服，寒冷的冬天坐在四面透风的教室，我有"核武器"，那就是二哥给我们的军大衣，我把它裹严实了，靠它度过了三个严冬。

快到春节了，那是我最高兴的时节。春节前夕，大队干部会给军人家属拜年，送上村中唯一的一副军属对联，还有几幅年画。年画有伟人像，还有部队阅兵的场景等，我看着这些画就充满了无限想象。有时大队干部还会送来一些食物，大多是香甜的糖果。记得有一年，大队干部是在大年初一来拜年的，他们还敲锣打鼓，弄得全村人都来围观。妈妈忙前忙后，端茶送水，招待大队干部吃喝，那么多好吃的东西摆满桌子，我看着都心疼，可是妈妈开心了好几天。

最盼望的还是春节，二哥从部队回来探亲，这对我而言，真是双喜临门：既是春节，我最可亲的二哥又回来了，我们可以吃到各种各样很好吃的糖果，这让我在小伙伴们面前的确"风光"了一把。到了晚上，大人们都在聊天，二哥就把收音机给我，我和小伙伴们一起听广播，广播悠扬，广播内容丰富，我们心中充满了无限遐想……

可惜，因为路途遥远，又因为部队那点津贴对于二哥来说非常珍贵，所以二哥春节回家的次数少得可怜。母亲既心疼儿子的钱，又希望儿子能回家，每年都在矛盾与纠结中度过。

盼望着，盼望着，有一年暑假，奇迹出现了。二哥像从天上掉下来的一

4

样出现在我们大家面前，原来是他所在的部队搞新兵训练——拉练，到了我们县城。二哥请了两天假，赶回来看我们，并想着带我一起去他的部队。我听到这个消息后，兴奋得一夜没有睡着，执拗地跟着二哥到了他的部队。

记得那年是1977年，我读小学一年级，从来没有出过远门的我第一次到了县城，我既惊喜又陌生，到了红卫广场，我看到了高大的毛主席像，还有散发着甜饼香味的百货大楼。二哥二话不说，先帮我买了一双人字拖鞋，把那双只剩半截的拖鞋扔在了百货大楼的一角。我还想着把它捡回家去，二哥却坚决地说："不要它了。"那时我看到二哥眼睛里噙着泪花。

接下来的日子，我跟着二哥的部队来了一个"福建省全境游"，连城、沙县、南平、闽侯……这些地方就是我那时候认识的。我们吃在车上，睡在车上，在我看来，车上除了人，就剩下西瓜了，我每天跟着兵哥哥一起吃西瓜。二哥是个汽车修理兵，哪辆车抛锚了，二哥就赶着去修理。等他回来，我却不知道去向，因为那些兵哥哥都闲着无聊，把我拉去玩，到了驻地，二哥经常满车队寻找我，我却乐此不疲，满世界看、满世界玩。

这一次的"福建省全境游"让我开阔了眼界，我从狭小、偏僻的小山村出来，看到了无法想象的大世界。

二哥是我成长时期的引路人！那年暑假，二哥在我的春天里种下了一颗美好的种子。

石头妈妈

你听说过把石头当妈妈的吗？可能没有吧？如果真要说有，世上可能只有孙悟空了。可是，我却亲眼看见有人把石头当妈妈，不过，那是小时候的记忆了。

大约也是在端午节这样的隆重节日，当我看到村民拿着供品祭拜石头的时候，我大吃一惊，以为他们疯了。看过祭拜土地神"社公""社婆"的，也看过拜观音菩萨的，就是没有见过在一块大石头面前祭拜的。我立马飞奔回家，告诉姐姐、妈妈，她们笑着说："那是他们的石头妈妈。""啊，石头妈妈？石头可以做妈妈吗？"母亲见我好奇的样子，就告诉我："某某身体不好，经常生病，就认那块大石头做母亲，这样，他就多了一个母亲，多了一个人疼他、爱他，他就能健康成长。"我似懂非懂，开始对那几块石头充满了好奇。

炎炎的夏日中午，趁大家在午睡，我溜出大门，假装到河边玩，可是左看右看，都没有看出这些大石头的不同之处。它们只是大，大到可以在上面躺着睡觉，于是我就躺在了石头上面，可是不知什么时候，石头的"儿子"来了，他躺在我身边，并悄悄告诉我，这是他的"石头妈妈"，脸上充满自豪与神秘。

随着小伙伴的不断出生，小河边上的大石头几乎都成为我童年时代玩伴们的妈妈。可是我的妈妈为什么不给我认个"石头妈妈"呢？有"石头妈妈"真好，夏天可以在石头上玩耍，累了可以睡觉，有时它还热情邀请我们一起玩。受了委屈，还可以坐在"石头妈妈"身上哭诉，我亲眼看见有人就是这样做的，不过，不知道他的"石头妈妈"听见没有，有没有安慰他。

可是，多一个妈妈，也多了一份担心，洪水来了，把"石头妈妈"好一阵撞击、冲刷，有时还把"石头妈妈"整个吞没，"石头妈妈"时隐时现，让人担忧。"石头妈妈"的儿子得罪了谁，谁就会朝"石头妈妈"头上撒尿解恨……在我儿时的记忆中，小伙伴们就是在这样的"爱恨交织"中一路走来的。

随着时间的推移，小村庄的人们逐渐搬到了山外，可是"石头妈妈"没有跟着一起走，它们兀立水中，长满岁月的青苔。

春分时节，我回家扫墓，去祭奠自己亲爱的父母。经过河边的时候，我还特意看了看伙伴们的"石头妈妈"。"石头妈妈"依然矗立在那儿，像在等待着儿子们的归来。不过长满青苔的大石块上没有任何痕迹，我知道，长大的儿子们早已淡忘了它们。

"为什么我没有一个石头妈妈?"这个问题又蹦出来。"可是,即便是有,又能怎样?远行的你?"

哑巴哥哥

大伯说:"是我祖上的风水不好,我们家族注定要出哑巴,现在就有两个。唉!"是祖坟吗?大伯说是,可惜不知道是哪个祖坟风水不好。于是扫墓的时候,我们都多了个心眼,装模作样地看,但就是揪不出这"捣乱"的祖坟。

第一个哑巴是我的堂哥,大伯最小的儿子,他比我大一个多月。严格意义上说,他不算一个哑巴,据说哑巴是既聋又哑的,而这个哑巴哥哥不一样。小时候我们一起玩,一起放牛、放鸭、上山砍柴……他能很清楚地听到我们说话,长到十多岁的时候,他能说一些很简单的话语,虽然含混不清,但是我们熟悉的人基本能听懂。因为他是哑巴,所以没有跟我一起上学,但是他干的农活比我多,有时我们一起做事,他还会以哥哥的身份罩着我、帮衬我。

记忆最深的不是小时候,而是我参加工作以后。大约是1989年,我在一所乡村小学教书,那里有一个集市,哑巴哥哥时不时会来赶集,顺便到我那边看一看,最多不超过10分钟,绝不留下吃饭,也许他认为自己很脏,怕脏了我,我是这样想的。

那时,大伯已经去世,三个堂姐也已经出嫁,对于本来就贫穷的堂哥、堂嫂而言,哑巴哥哥可能是个不听话的累赘,这就使哑巴哥哥的处境更加艰难,衣不蔽体是常有的事情,一日三餐也时常没有着落。有几次,他来看我,脸色铁青,我知道那是饿的,硬留他吃饭,但是他死活不肯。又有一次,我上完晚自习回到卧室,看到哑巴哥哥没精打采地坐在我的房间凳子上,我赶紧去买了一些饼干和水给他。这次,他没有拒绝,而是狼吞虎咽地吃起来。我知道,他是实在走投无路才来找我的,找他"光亮体面"的弟弟老师。其实,我从来没有歧视过他，但是，自从我参加工作以后，哑巴哥哥对我就是一种敬而远之的客气态度。晚上，我留宿他在自己的陋室，但是哑巴哥哥始终不肯上我的床，只是在硬邦邦的沙发上待了一夜，第二天一早他就走了。他这一走，我就再也没有见过他……

听到他去世的消息时，我调到另外一所小学任教了。学校正好在哑巴哥哥的大姐、大姐夫居住的村庄，大姐夫也因为疾病贫穷得不得了，他来告诉我哑巴哥哥去世的消息时，顺便向我借一点钱去为他送葬。听到这个消息，我心情很复杂，马上把钱给了大姐夫，并嘱咐不用还我，权当我给哑巴哥哥的送行……

时隔十几、二十年，随着时间的推移，想起哑巴哥哥，我好像渐渐悟出一些东西来。哑巴哥哥的一生是短暂的、艰苦的，甚至是衣不蔽体的，有些让人害羞。但是，就是在这样的情况下，他依然想着别人——让他的弟弟我不因此"蒙羞"，他活得无奈，却依然让我对这个哑巴哥哥有着与日俱增的敬重。

母亲的智慧

说起有智慧的人，有人会说爱迪生，有人会说阿凡提，还有人会说诸葛亮。如果我要说我的母亲，熟悉的人肯定会笑话我，而不熟悉的人还以为我的母亲是一位名人。其实，我的母亲是一位山村农妇，目不识丁。

那么，母亲的智慧在哪儿呢？先听我说说家常吧。

听哥哥、姐姐说，早年去世的爸爸以前是小山村的能人，干得一手好农活，还是木匠、泥匠，可惜我没有印象了。倒是母亲的"神仙+中草药"治好了好些人的疑难杂症，让我佩服得五体投地，那是母亲智慧的最好体现，我当时就是这样认为的。

说起我的母亲，其实最应该感谢的是母亲对我们兄弟姐妹的爱，但是因为太伟大、太丰厚，我竟然无从表达。记得在我4岁时，父亲就去世了，母亲拉扯着我们兄弟姐妹七个艰难度日。但是幼小的我在母亲的庇护下，也感受到我的童年是快乐的，如同天边经常出现的彩虹一样绚烂。记忆中的母亲是那么能干、那么慈祥，我内心深处始终珍藏着那份暖暖的母爱，温馨与亲情让我不再害怕、不再孤单，直至长大，至今依然。

读者说，这好像不是智慧，有点扯。

好，那就说说我的学习吧，这跟智慧有关了吧。可惜母亲很少过问我的学习，只有上过小学一年级的姐姐会问我。母亲总是说："弟弟学习很好！"其实我学习不怎么好，当时我还认为母亲有点"蠢"，姐姐有时就怪母亲宠着我，这时我又心生羞愧："不怎么好也说好，我真是愧对母亲。"慢慢地，我竟然在愧疚中找到了学习的动力。

这算什么呢？

看到这儿的读者，我先褒奖你一下，你是一个有涵养的人，能耐心地听我瞎扯。那就继续扯吧。

上初中时，因为中学离家远，有18千米，其中一半是山路，而且同行的同学先后都选择了放弃，这让我也感觉到读书的艰辛，经常想着回家。母亲心疼我，却从不答应我辍学。遇着下雨天，山洪暴发，母亲会送我到有公路的地方。记得有一次，母亲生病了，天又下着大雨，我犹豫着不肯上学，母亲就嘱咐比我大三岁的七姐送我去上学。一路风雨，年幼的七姐传承了母亲的坚强，始终不让我分担肩上的行李，一直送我到离中学还有3千米左右的地方，她才放手，那个情景至今历历在目。母亲的坚强与执着让我不再选择放弃，而且学着选择坚强。

这是意志，你说。

是的，但是我差不多要搁笔了。有人说过这样一句话："世上有两件难事，一件是把别人口袋的钱装到自己口袋，另一件是把自己的思想装进别人的脑袋。"我是干后面这件事的人——教师，一个有着近30年教龄的教师，在教育我的孩子和学生时，我会经常想起我的母亲，母亲是如何把她的思想装进了我的小脑袋。在"无为与有为"的思辨中，我终于明白，教育的大智慧，其实很简单、很朴实，就在母亲的不急不躁以及满怀爱意的行动中。慈爱给了你无敌勇气，宽容给了你足够空间，温柔的坚持让你不断选择坚强。

这已经足够，最朴素的教育往往隐藏着大道理。

作为教师的我，还要修炼什么？是母亲的智慧。

第三节 自传式教育叙事研究案例（二）
——劳动历练

割松油

割松油，就是收割松脂的意思。

暑假来了，怎样才能多赚点钱供自己读完师范呢？大姐夫建议，趁他农忙时节没法上山割松油，让我去割松油。这是多好的事情啊，虽然累，但是可以获得一笔可观的收入，母亲立即同意，而我当天下午就去了大姐家。

当晚，大姐夫给我上了一堂"劳动辅导课"——如何割松油。想想很快就能赚到不少钱，我有点儿兴奋，一夜没有睡。天刚蒙蒙亮，大姐夫就把我叫醒了，还没有洗脸，我就跟着大姐夫上山了，爬山、下山，爬树、下树，我们把一棵棵睡梦中的松树弄醒后早已是满头大汗。大姐夫一边教我如何下割，一边告诉我怎样才能不漏油，同时要观察油竹桶是否装满，里面是否有积水；又告诉我哪些是自家的松树，如何分界。汗顾不得擦，擦了也没有多大用处，只要不挡住视线即可。大姐夫身手敏捷，如猴子般，不断地招呼着我，将近早上9点时，我们才把老屋背的100多棵松树割完。

匆匆赶回家，饭菜保温在土灶大锅里，大姐已经在农田里忙活了。吃完饭，我们还要赶着去长坝崇，那里有200多棵松树分散在各个山头，2个多小时的忙活，回到家已经是中午12点多了，半天紧张的劳累让我一句话也不想说，只是呆呆地坐在大门槛上歇了半天，弄得几个外甥以为舅舅傻了。

几天过后，大姐夫忙农活去了，我开始独立上山。一天过去了，两天、三天，终于等到了周末，但山里人没有周末。不过值得庆幸的是，有时小我5岁的外甥仁锋也会跟着我一起帮忙，能干的孩子不但分担了我的一些劳动，还带来了很多笑声。

下雨了，我很高兴，以为不需要上山了。可是大姐夫说，只是下一阵雨，不影响松树出油，要坚持去，不然一个暑假很快过去，能赚到什么钱？"钱大爷"的召唤，使我不得不重新调整心情出发。下雨天，除了路上湿滑，会让你冷不防摔个"仰八叉"外，还要注意手中拿着的割油刀，因为它锋利无比。这还不算，下雨天也多了一件事情。竹筒里面往往装满了水，要先把水倒掉，我没心没肺顺手倒出水，可惜松油也被一起倒掉了，白忙活好几天，为此我懊恼不已。多了一件看似简单的倒水工作，却足足增加了我几个小时的劳作。

一个人的劳作，再加上我是新手，忙完全部松树的划割，是需要一天的。为了节省中午回来吃饭的时间，大姐建议我带饭菜上山，临近中午时分，可以找一个溪水边吃饭、喝水。有一次，大姐在我的饭盒里装了香喷喷的煎带鱼，到了固定的吃饭点，我没有马上吃饭，而是躺在松树底下睡着了。不知道过了多长时间，一群大蚂蚁爬到了我的头上和我的饭盒里，满头满脸都是蚂蚁不说，香喷喷的煎带鱼也让给蚂蚁了……

忙活了一个多月，大姐夫的农活即将结束，我也可以收获劳动成果了——收松油。拿着收油刀，提着本来就沉重的油木桶，还要把竹筒的松油一个一个扒拉到木桶里来。随着松油的不断增加，木桶越来越重，我一手挽着木桶前行，一手还要拿着收油刀，如完败的将军艰难前行。凑成一担以后，挑到山沟下，肩膀在"吱吱"出油，双腿在"悠悠"打颤，但是仍然坚持把松油挑到山沟下。还好，大姐、大姐夫也在帮忙。两天的收油结束，紧接着的圩日，我们又急着挑去松油收购站，七姐、七姐夫听到消息后，也特意赶来帮忙。

一个多月的劳作，获得了120元的收入，这已经足够我读书所用了。我让大姐帮忙买了猪肉和人生的第一瓶可乐，以此分享劳动的快乐。

那一年是1986年的暑假，我17虚岁，我感动于自己的不畏艰辛，更感动于姐姐、姐夫的帮扶。

劳动历练，使我有了更多的正能量，如山上苍松。经历劳动，是最好的自我教育。

捡红菇

捡红菇，就是采蘑菇的意思。在许多人看来，采蘑菇是多么浪漫的事情，其实，真正的采蘑菇没有浪漫，只有辛勤付出和用心劳动。

每到端午节前后，在高温多雨的季节，蘑菇就会大规模生长。这个时候，其实也正是农忙季节。红菇生长速度快，每天一批，不及时采摘，过几天就蔫了。所以，我们每天都要去采摘，为了赶在别人之前到达，每天还要起个大早。

采摘蘑菇，首先讲究的是地点，不是每一个山头、每一座山坡都有蘑菇的。蘑菇只长在特定的大树底下、灌木丛中，太干燥了不行，必须是早上向阳、下午背阴的地方。哪里有这种长蘑菇的树呢？平时上山时就要留意，只要红菇生长过的地方，每年就都会有。有时候，如果运气好，就能找到一块红菇生长旺盛的地方，每天都能给你丰厚的回报。所以，对于哪里有红菇生长点，每个人都有自己独知的地方，不会轻易告诉别人。

采摘蘑菇，我们也有自己的规则，打开像雨伞一样的必须马上采摘；红菇孢子，欲开未放，这是上等品，好看、好吃，也可以卖一个好价钱；而刚刚冒出土的红菇蕾子，我们一般是不会采摘的，要等一两天再摘。

看见蘑菇了，你很高兴，赶紧冲过去采摘，对吗？这其实是犯了大错误。在鲜红、透亮的红菇下面，树叶堆里，说不定就趴着一条蛇，黑色的、褐色的，有时是青色红尾巴的青竹蛇，奇毒无比。必须先拿一根树枝敲打一下树叶堆，或者认真看清了才可以采摘。红菇要轻轻采、轻轻放，以免破坏它的形状。

到了生长的旺季，蘑菇的种类通常有很多，最让我们喜欢的是正红菇，暗红色、肉厚实，价格最好，也最鲜甜，还有"猪血菌"，如猪血般鲜红，但是味道有点苦。粉色的是"辣子菌"，有微辣的感觉，一般我们都不采。还有其他菌类，如"喇叭菌""扫帚菌""牛屎菌"，这些菌类虽卖不了好价钱，但是晒干了味道好香、好吃，我们小孩最喜欢采摘了。

在红菇生长的季节里，星期一到星期六我们要上学，所以偶尔会跟姐姐、母亲在家附近采摘，早上7点赶回来吃饭后再去上学。星期天，那是必须跟着一起上山的。开始我们很兴奋，但是随着时间的推移，跋山涉水、汗流浃背、蚊虫叮咬，我们就开始烦躁了。运气好的时候，一山跟着一山，都会有蘑菇，姐姐舍不得马上回家，不断地采摘，要到中午时分才背着蘑菇回家吃饭，这时，我们早已饿得前胸贴后背了。回到家，吃完饭，就要小心翼翼地把蘑菇晾晒出来，这时，家家户户的谷坪上、南瓜棚架上、房檐上都晾满了鲜红的蘑菇。

姐姐们还要赶着去更远的地方采摘，那些我只听过却从没有去过的地方，如"野猪窝""龙潭里""黄竹坑""苦竹坑""蛮王崀"，而我则跟着妈妈在家里放牛、晾晒蘑菇。

蘑菇生长的季节是高温多雨的，这注定是闲不住的季节，天气一会儿晴，一会儿下雨，我们就忙着一会儿晾晒蘑菇，一会儿又跟着抢时间，把蘑菇搬进屋檐下，一头汗水，一头雨水。遇着天公不作美，晚上还要把大灶的锅揭开，用灶里的炭火慢烤。火不能太旺，旺了就烤煳了，又不能太小，小了时间不等人。这时，要熬到夜里十一二点。我们经常是在红菇的香味中昏昏欲睡的。

偷懒是每一个小孩的天性，为了鼓励我们多采摘蘑菇，母亲经常会给我们承诺，等蘑菇卖了钱，就给我们做新衣服、买铅笔、交学费……

采摘红菇，给了我们劳动磨炼，也给了我们赚钱的机会，一年又一年，

4

我们就是在这样的盼望中劳作，又在劳作中成长的。

种番薯

番薯是客家人对地瓜的叫法。因为它好种，产量高，20世纪70年代中后期，经历过饥荒的家家户户都会种番薯。

准确地说，应该是从1977年开始，那时我在"分部"读一年级。最先让我种番薯的是我们的民办教师何老师。在学校的后山坡上、操场边，老师带着我们挖地、整畦、拉沟、码番薯藤、除草，人还没有锄头高，但是都卖力地完成了老师交给我们的任务。

回家的星期六、星期天，我们就跟着妈妈种番薯、收番薯。种番薯是一个力气活，翻地最艰难，久不耕种的土地板结如石，有时真遇到石头，也要把它挖掉。在我家的"屋背""坑公里""七里根""对面岗上"，到处都种满了番薯。种得最多的地方应该数"伯公厅下"，那里正好是我上学的必经之路，于是上学的时候或回家途中，我又多了一件事情，那就是要去看看番薯地是否被牛糟蹋了。最让我们头疼的是当地的一种野生动物——野麂鹿，它们经常成群结队来偷吃番薯苗和番薯，那时很少有猎枪，猎户也少，防不胜防。所以，每次经过番薯地，我都要吼叫一番，甚至扔一些石头吓跑它们。

番薯种得最好的要数"李子凹"兄弟两家人，他们不但种得多，而且番薯品种多。最让我们羡慕的是红心番薯，切开鲜红，好看不说，还很好吃。他们晾晒的倒糖番薯干软硬适中、鲜甜无比，引得我们经常驻足他们家，好讨得一些解馋。

那几年的冬天，禾仓里、楼道里到处都堆放着番薯。这时，老鼠就泛滥了。家家户户都养猫，但是猫们也忙不过来。于是狗拿耗子的事情就时常发生，但我们一点都不觉得狗是在多管闲事。为了更好地保存番薯，冬天的晚上，每家每户都在切番薯、蒸地瓜，第二天，院子里、房顶上、南瓜棚架上到处都晾晒着番薯干，空气中也弥漫着番薯的香气。

妈妈望着堆积如山的番薯，开心地说："这样，我们就不会饿死了，晚上可以睡个安稳觉了。"可是，讨厌的狗狗经常追逐老鼠，搞得惊天动地，这时才觉得狗狗真的是多管闲事了。

番薯很多，稻谷却是不多的。所以，大家都省着稻谷，可劲地吃着番薯，花样翻新地吃番薯。早上蒸番薯，中午焖番薯，晚上煮番薯粥，下地干活兜里揣着番薯干，冬天下雪烤火时就烤番薯吃。春节到了，将晒成干的番薯薄片用热沙子煨熟，香脆、甜爽。读中学时，我们的零食几乎清一色都是番薯干。

因着种番薯，我们度过了那个饥荒年代，也让我们看到了粮食的来之不易和弥足珍贵。

第四节　自传式教育叙事研究案例（三）
——我的旅途

上学路上

母亲说："家住山区，要想走出大山，就要比别人多付出几倍的努力。"这句话的确是大实话。上学的路，就足以证明。

上学的路，可以概括为两个"二"："两条漫长山路，两个发小'弃友'。"有不少"二"，但是有时候"二劲"帮我克服了很多痛楚，让我通向山外。

两条漫长山路，是上小学的4千米山路，上中学的18千米曲折路。两个发小"弃友"，是两位曾经短暂上学而中途辍学的朋友。没有责怪，也没有资格责怪，只是如实地记录事实。

上小学三年级时，我开始到校本部读书，堂哥如富只与我一同上学不到几个星期；发小"井古老"与我一起上学，时断时续，有一年多时间。我经常早上早早等在"井古老"家，但经常换来的是他又不去上学了，让我空等一场。

爬上大约2千米的山路，到了一个小自然村——李子凹。这里有两户人家，是两个勤快的人家，大人们都起早贪黑地干活，孩子们也不懒，也不能偷懒，起得早，上学也早，等我爬上李子凹的时候，经常是"人去徒留风"。因此，我每天要起得更早，才能赶上伙伴们，那是一份"离群的小狗看到大部队的欢欣"，我愿意为此付出更多。运气好的时候，他们刚出发不远，我紧追还能赶上。与李子凹的同学们为伴，少了很多孤单。有时他们还送我不少地瓜干，那是一份美食，友情和美食像一只前进的号角，召唤我无条件地追赶他们。上学时是孤单的，但是放学就可以相约而行了，那是我最快乐的时光。一路疯玩，足以忘记上学的忧虑。可惜他们小学毕业后就都放弃学业，回家干农活了。不知道他们是否惋惜过，我却有点伤心，也为自己孤单的行程伤心。

初中，是18千米的曲折路，一段是蜿蜒曲折的山路，一段是伐木工人运送木头的山坡路，还有一段是公路。虽然有公路，但是我没法乘坐那趟班车，因为早上6点它就从南坊林场出发去往县城了，而我家离林场还有七八千米。

与我结伴上学的唯有邻村大岭下的学兄。但是好景不长，学兄在周末时与父母上山砍树，树倒下压断了他的一条腿，无法继续上学了。也因此他至今仍然孤身一人，当然，这是后话。

18千米的徒步，每周两次。星期六回家是令我最兴奋的一件事，中午11点30分放学后，我们一路狂奔大约2千米，才停下走路。此后，陆陆续续到达我经过的各个村庄，封侯村、新联村、大阳村……等所有同学都与我告别以后，我才走了路程的一半，只能独自一人踽踽前行。那是山路，大好晴天时，可以听到很多鸟叫，时不时半路蹿出一些小动物，有时还有蛇。遇到下雨天会是电闪雷鸣、暴雨滂沱，阴天会是雾锁山头，抑或寂静可怕。

记得一个星期五下午，学校决定放农忙假一周，但是离校的那天下午，学校给我们每个同学布置了采摘茶叶的任务。我们几个要好的同学都死心眼儿，等真正完成任务回学校，才发现很多同学都已经走了。从学校离开已经是下午4点多，等走到南坊林场那边的山路时，天已经完全暗了下来。就着一支手电筒微黄的光亮，我紧走快赶，踩在满是落叶的僻静山路上，只听到沙沙声和喘息声，老是感觉背后有人跟着我，回头望望，却什么也看不到。最可恨的是，还要经过一些坟地。那种毛骨悚然的恐怖感，你无法摆脱，也容不得你跑。那次以后，我似乎长大了很多，开始接受大人们的差遣，经常独自一人外出做事。

上学路上，恐怖与艰辛是很多伙伴无法跨越的两道沟坎，也因此导致很多山里的孩子中途辍学。"要比别人多付出几倍的努力"的嘱托，慢慢转化为老师口中"笨鸟先飞"的告诫。

写下这段话，不是为了炫耀，不是为了博取同情与赞扬，也不是为借此教育后人，就为自己，为了曾经的自己，为了曾经的年少誓言，不言痛，不言苦。

夜赶山路

赶山路，一个人赶山路，一个人夜晚赶山路，是需要勇气的。

没听过我堂哥的故事吧？听来好气又好笑。

据说有一天，堂哥去赶集，回来的路上，因为有事情耽误了，他落了单，只好一个人单独行走。走到山间小路的时候，夜色已经浓重，脚底下的沙沙声让他害怕，但他突然听到一声压低了嗓子的声音——"呷"——是什么声音？静静听又听不见了，赶紧加快脚步，不久又听到一声。堂哥大惊失色，舍命奔逃，一边奔跑，一边依然听到可怕的声音。当他回到家里时，脸色铁青，说不出话来。但是，当他把身上的担子放下时，突然发现，原来他后面的担子里装了一只刚买的母鸭，山路崎岖，晃动时母鸭就发出声音，却把堂哥吓得要哭了。此后，这件事情被大家当成笑话谈论。

对于一个人夜间赶山路，我是有过亲身体会的。

记得那是读初三年级的时候，因为放学那天下午学校安排我们采摘茶叶，规定我们初三同学需要采摘3斤茶叶才算完成任务，其他同学都偷工减料，把别人采摘好的偷偷装在自己的采摘袋里充数，而我们几个却是死心眼儿，硬生生采到3斤才回去。这时已经是下午将近5点了，我还有18千米的路要赶。等我赶到南坊林场的时候天色已经暗下来了，而剩下的8千米都是山路。

首先要经过一长段溪边小路，紧接着要爬坡。爬坡倒没有什么，关键是要经过几座坟墓，坟墓在夜间手电筒的光亮晃过之处，闪着"贼光"，绿油油的，让我毛骨悚然。我干脆大声唱着歌，大踏步向前，声音颤抖着又惊出了一群小鸟飞起，我随手捡起路边的一根树枝，用力敲打着草丛……这样的一段惊魂曲过后，我才到了一个只有两户人家的小村庄——黄湖恨。大黄狗疯狂地叫着，我落荒而逃，再次走进树林。

可恨的是，树林里又有几座坟墓，有一座是最近几个月才挖的。在夜色中，依稀可以看见白色的花圈。这是一段上山路，不断走远，依稀还能听见大黄狗的叫声，我心里还有点安定。

最可怕的一段路来了，是那种遮天蔽日的林间小道，并且地上满是落叶。沙沙沙，听，声音像从后面传来，我扭头看，却发现后面连个鬼影都没有。继续赶路，沙沙声又响起，又像是后面有人跟着你，你紧赶慢赶，草丛里突然"轰"的一声，一群小鸟被惊到飞了起来，心却被炸飞成几瓣。惊魂未定，脚底下突然倏的一下，一只什么动物从身边蹿过，我颤声惊叫着。我不敢回头，没有下雨也打开雨伞，替我挡住后面，又扯开嗓门大声唱歌，汗水直冒，但身上感觉是冷的。

走完了这段山路，前面是一条笔直的路，但笔直的一排过去都是坟墓。唉，可恨！

下坡、下坡，终于到了第二个小村庄。别急，还没有到家，还要下到一个深涧中，河水哗哗哗发出巨响，在夜间的深涧中弥漫开来，恐怖瞬间包围全身。小心，要走过横跨深水潭上面的独木桥，水潭中偶尔反射出来的光让你不寒而栗。这时，只能选择勇敢前行，丝毫不能犹豫。

逃出水声，来到了石岭村，这是一个完全荒芜的村庄，村庄里唯一的一个婶婶去年老死家中，几天后才被发现。我不敢想象，跳着、颤抖着离开。

又过了10分钟左右，再爬上一个小坡，我终于看到自家的灯光了。等我回到家，已经是晚上8点半了，妈妈惊讶得说不出话来。

那个晚上，是我第一次一个人赶山路，勇气十足。那一年我才14岁，妈妈却说我长大了，我笑着说："我是被吓大的！"

旅　途

出门在外，很多时候是"人算不如天算"，飞机误点等类似的事情是常有的。如果飞机误点，可能后续就有一连串的问题出现，让人窘迫不堪、左右为难。

记得2006年5月，我从浙江宁波到广东东莞面试，面试完后匆匆赶到广州机场。原本订的下午4点的飞机，但是因为误点，将近晚上8点才起飞。到了杭州萧山机场后，我急忙坐上机场大巴赶往杭州城站，希望能坐上最后一趟开往宁波的城际列车。可是偏偏在路途中大巴车与一辆车剐蹭，又耽误了一个多小时，赶到杭州城站时，已经是午夜1点多了。这如何是好？我第二天还要上课，因为我是趁着周末偷偷出来面试的。打的吧，一问价钱，贵得离谱。有没有私家车可以拼车呢？到处打听也没有发现。我只好重新求助的士司机，希望能便宜一些，但是他们始终不肯松口。这时，有一位好心的司机告诉我："如果你足够胆大，我可以送你到一个高速路口，那里有去往宁波的大巴车，可以乘坐。"听的士司机这么一说，我估摸了一下其中的风险："我不是女的，身上又没有多少钱，应该没有多少问题。"所以稍微犹豫了一会儿，就答应了。到了高速路口，约莫等了一个小时，果然坐上了去往宁波的大巴，赶到学校，正好是学生起床的时间。我松了一口气，感觉这种冒险是值得的。

另一次是去吉林延边出差，回程也是飞机误点。到了广州机场后，已经是午夜1点多，本打算在机场附近的酒店住钟点房，一打听才发现，不到5个小时的钟点房房费接近300元。我想，这足够我打的赶回东莞了。这么一想，我立马去找的士司机，可司机们的开价也是奇高，大都在500元以上，最低的一位司机也要450元。我不愿意花这个冤枉钱，想想就坐在机场休息厅小憩几个小时，也能净赚几百元。如此一想，我就坐在休息厅呆想。可是心有不甘，我突然灵机一动：飞机场的停车场是否有东莞过来接亲人、朋友的车呢？我是否可以试试，求助搭乘顺风车？这么一想，我立马兴奋地拉着行李赶往停车场，目光扫视粤S牌照的车辆。锁定一辆后，我就静静地等待在旁边。不久，我就看见一对夫妇出来，经过一番协商，他们同意我补助150元油费把我捎回东莞。回到东莞时已经午夜3点多了，家人们在睡梦中被我惊醒。

两次旅途，两次窘境，我都成功破解，回想起来颇有点自豪感。经历并寻求突破，才有可能产生新的发现。于是我有了一点感触：

一个人的旅行，

误点是一个美丽的错误，

是一次与心灵的相约。

一个人走在路上，

用心聆听自己内心的独白，

你一定会发现，

自己拥有智慧的大脑。

迷　路

我以为，在大山里迷路，会是一种"叫天天不应，叫地地不灵"的绝望。但是在城市里经历了一次迷路以后，我更加感觉到身在闹市、身在人海中的迷茫。

那是1986年冬天，我读师范的第二年，那一年我16岁。二哥写信让我到他家过春节，我毫不犹豫地答应了。

从我读书的长汀县城出发，先坐长途汽车到龙岩市火车站，已是当天下午4点多了，我买了晚上8点半去福州的硬座火车票。火车一路号叫着、喘息着，到第二天晚上8点多到达福州火车站。下了火车，我走出大厅，四处张望，寻找到火车站接我的二哥，可是没有他的踪影。那时候，二哥家里还没有电话，我们是依靠写信提前约定的。我估摸着，二哥是否忘记了时间，凭着记忆，我糊里糊涂坐上了去福建师范大学的20路公交车，因为我知道，这是到我二哥家唯一的公交车。到了终点站，我下了车。

凭着1977年我到过二哥部队的记忆，那时他们的部队驻地好像是在福建师范大学后山的一座山顶，我匆匆赶路，希望找到当年的一条路——上山路。约莫半个小时后，还是没有找到。这时我才想到，应该鼓起勇气问问福建师范大学的人，于是又折回去。可是，我鼓起勇气问了好多人，就是没有人知道，有些人干脆就不理。我想着，向着刚才的反方向走走，那一面比较开阔，或许能望到当年的山头，又经过了半个多小时，一直找不到当年的记忆。以前的山，以前的路，以前的房子，全然没有了踪影。我又折回福建师范大学大门，希望能找到一个好心人或者一个知情人。就这样来回折腾了2个多小时。

回到福建师范大学门口，我不停地问人，就是得不到更详细的告知。我开始着急了，身上带来的50元，除去坐长途汽车的13元，坐火车的30元，坐公交车的2元以及路途中的用餐，只剩下2角5分钱了。那时候，我不知道有打的这回事，也不知道1986年的福州有没有的士，即使有，我也没有足够的钱。这可怎么办呢？我想着，如果不行就在福建师范大学门口蹲一宿算了，或者把我身上带的唯一值点钱的香菇变卖。这样想着，我心里稍微安定一些。但我心有不甘，蹲在大门口一直观察来来往往的人。我希望找到一个好心人或者知情人。谁会是好心人呢？我专门盯着年龄大点的，看上去慈祥、和蔼的问。终于，有个教师模样的人对我的事情认真起来了。他不断地帮我想办法，突然，这位老人灵机一动说："你二哥的部队我们也没有听说过，或许已经解散了。但是我可以告诉你，沿着这条路一直往前，大约走半个小时，可以找到福建省原军区大院，那边有站岗的解放军，你可以去问问他们。"老人的话犹如一盏烛火，拨亮了我的心灯，我感激涕零，急忙向着军区方向走去。

远远地，我就看到了军区大门和站岗的解放军战士，当我走近询问时，这位战士告诉我，他就住在我二哥所在部队的家属区，待会12点下岗了可以带我去。一颗悬着的心终于可以放下了，就在那一刻，我真的感觉解放军好伟大、好可爱。

　　赶到二哥的驻地，已是凌晨1点多了。我二哥火急火燎地从火车站回来，而我于惊喜中带着一点委屈。那一夜，我经历了人生中在城市的第一次迷路，是真的迷路，但是我找到了破解的办法。

第五节　自传式教育叙事研究案例（四）
——山村见闻

山村发电站

我所说的发电站，既不是小学课本里介绍的刘家峡水电站，也不是三峡大坝的水电站，而是我家乡自然村的小发电站。

大约是1977年冬天，也是我们生产队刚刚摆脱饥荒的时候，那年冬天，每家每户的楼道里都堆满了地瓜。饥荒刚过，生产队长就张罗着要搞发电站，这是一个如何酝酿的梦，我不得而知。但是，我看到了大家急切的心境，生产队100多人，全部上阵。壮年男子负责砍伐并搬运松木，老人、妇女负责挖掘蓄水池。每天下午4点左右，我们"分部"就读的小伙伴们就提前放学，到挖掘蓄水池的工地帮忙。那种劳动的场面，感动了所有人。

印象最深刻的是壮年男子齐心协力扛运松木的情景。那么长、那么粗，足有水桶般粗的松木，从山上"嘿哟嘿哟"地扛运下山，经过荆棘丛生的崎岖小路、小溪独木桥、田间小径……那是完全凭借人力搬运，大家齐心协力，步伐一致，稍有不慎，就有可能受伤。一个冬天下来，大家虽然筋疲力尽，却没有一个人受伤。那时的大哥、堂哥们是多么的孔武有力，让像我一样的小伙伴们对壮年男子肃然起敬。也就是从那时开始，我突然觉得劳动可以那么美、那么震撼。

松木搬运回来以后，紧接着的是木匠师傅的活了，给松木去皮、削圆、掏空，整整忙了一年。第二年冬天，又是震撼的劳动场面，大家把用作水管的松木搬运到水电站工地，然后一节一节地接上去并固定好。激动人心的时刻终于要来了，我们目不转睛地盯着工地，连吃饭都是小跑回家，生怕漏掉哪个重要环节。

一天的下午时分，终于可以试机了。几个大人早早地把水池蓄满，生产队长一声令下，水池的水一泻而下，紧接着的是发电机发出的巨大轰鸣声，带动了最先安装的碾米机，一担子稻谷立即被装入谷斗，白花花的大米瞬间从出口喷涌而出，大家开心地笑了。小小的发电站里洋溢着全村人开心的笑声、交流声。

就在大家笑声还未停歇时，水力发电机的声音弱了下来。原来水池的水放完了，只好重新蓄水。碾米机随之发出了不和谐之音，出米口漏出一大堆没有碾好的稻谷，大家顿时手忙脚乱。

等了好长一段时间，蓄水池满了。队长看看手表，约莫40分钟可以蓄满一池水，差不多可以碾好一担稻谷。队长安排我大哥负责水电站的管理，碾米时间安排在每天早上或者傍晚时分，各家各户轮流碾米。发电站就建在生产队的仓库旁边，也是我们读书的地方，每到碾米时分，我们都会欢快地赶过去，看个痛快。

就在大家筹划着要买发电设备、准备架设电线的时候，问题来了。松木经过一段时间的水浸日晒，开始被虫子蛀蚀，到处都有小孔，水柱四射。大家又忙着堵虫眼。可是，虫眼越堵越大，让人更难过的事又发生了，水力发电的转动叶轮被冲断了几次，最后干脆就不动了，坏了。

水管被虫咬，大家到处打听应对策略。最后，有人知道附近越峰背解放军矿山要撤走，有一批铁铸水管要卖。大家立即联系，又忙活了大半个冬天，扛运回来。接上水管以后，新的问题出现了，水管太小，水力不够，带动发电机有气无力地转动着。发电的事情且不说，光碾米就力不从心，进谷口稍微大点，水力发电机就罢工。发电照明是没有希望了，碾米功能能保住就不错了。

但是，令人烦恼的还不止这些，水力发电机经常损坏。那个笨重的机器，修理一次，就几乎需要全队的壮年男子出动，要将它抬到几十千米的山外去修理，来回一趟，有时要几天时间。旱季来了，河水干涸，就更麻烦了。浇灌稻田有时都不够，哪里还能蓄水发电。不断地被折磨，终于听不到发电站的声音了，随着破旧厂房的轰然倒塌，山村一代人梦寐以求的发电照明梦最终破灭了。

那一年，大哥28岁，三哥24岁，我只有10岁。

山村小发电站，承载了一代人的梦想，也打破了山村人的平静。此后，每次经过那个发电站，我都有一种期待，但是奇迹没有再出现。

时间过了三十几年，回想起这件往事，我脑海中仍然能清晰地回放大哥、堂哥们孔武有力的劳动背影，那么美、那么震撼。

说蛇奇谈

关于蛇，几乎没有人不害怕，很多人"谈蛇色变"。小时候，我们害怕蛇，但是喜欢听关于蛇的奇闻怪事。

蛇，很多是有毒的。所以，父母辈对我们的告诫是："蛇有毒，不要轻易惹它，有的还会报仇呢。"我们听了既怕又恨。听母亲说："有一个人，因为打一条蛇，但是只敲中蛇的中段，蛇就跑了。后来，蛇寻来报仇，从天花板爬下来，钻进蚊帐的一个小孔，结果蛇下不来了，因为中间受伤的部分较大，悬挂在蚊帐中晃荡……"这个情景实在可怕，但是让我深深记住了"打蛇要打七寸"的道理。

眼镜蛇，那是最令我们毛骨悚然的，据说它会追着人咬。对付它，大人教给我们的办法就是，顺势蹲下，抓起一把沙子撒向眼镜蛇，蛇为了保护它鼓起的脖子不被沙子伤害，就会马上停下。

又恨又怕，所以遇见蛇就打。但是，蛇也是很机灵的，它们轻易不会让我们察觉。因此，在农村走夜路，我们都会拿一根棍子敲在前头，"打草惊蛇"，免得被咬。夏天夜晚的时候，蛇会静悄悄地躺在你屋檐下的板凳上，让你十天半月都不敢坐那板凳；七、八月，正是蘑菇生长的季节，在一堆烂树叶间，一朵红菇如红霞般灿烂，但是你千万要注意，说不定附近就藏着一条红尾巴的青竹蛇，奇毒，超可怕，我们也要先"打草惊蛇"再采摘蘑菇。

据妈妈说，还有一种蛇，头是三角形的，浑身灰白，能在夜间学母鸡叫，诱捕小鸡，这可要当心。

"老鼠过街，人人喊打。"在我们山村，看到蛇时，也是一样的心情。那时候，很少有人敢吃蛇肉，我们没有那份心情。记得有一次，我家进了一条很大的蛇，偷吃了一只鸡。父亲发现后，拿着刚刚在灶膛烧红的火铲追赶，烫伤了蛇，但它还是逃脱了。母亲说，这条蛇，后来还在房屋的山坡下出现过，蛇身粗大如碗口。

最大的蛇，据大伯说，是爷爷说给大伯听的一个故事。有一个人去赶集，回家的时候天已经擦黑，紧赶慢赶，到了一个林间，他看见有一根木头横卧在地上，就顺势坐在木头上抽烟。当旱烟抽完，把烟袋敲在"木头"身上的时候，它动了，这人才猛然发现那是一条大蛇。

参加工作后，我还听过邻村捕蛇的事情。据说，有一个村民上山砍树，树倒下时惊动了洞中的一条大蛇，蛇在洞中"呼呼"有声，因为大树挡住了洞口，蛇没法出来。村民叫来伙伴，共同制伏大蛇。据说这条大蛇有40多斤。

道听途说总是虚的，其实我也有过与蛇相遇的经历，读初中的一个初秋的早晨，一条蛇躺在我的书柜中，那真是惊魂一刻。

关于蛇，其实也有很多开心的笑话。我有个堂哥，年轻有力气，干活超卖力，回家是个能倒头便睡的人。有一次，堂嫂晾晒被褥席子，掀开草席，发现草席下面、稻草中间有一条扁扁的蛇干，夫妻俩看见，哭笑不得。

记得读小学的时候，我们学校后面有一座山，山上经常有蛇出现。有一次，我们亲眼看见一条大蛇钻进一个洞，两个胆大的村民猛扑上去，死死拉住蛇身，人蛇对抗，似乎听见了蛇骨断裂的声音，但就是不能把蛇拉出来。正好一个赤脚医生经过，有人提议给蛇注射麻药，果然，麻药一注射进去，蛇就瘫了。看着解恨，好笑。

关于蛇的奇闻杂谈，还有很多。这只是农村人与蛇博弈的冰山一角，而很多时候听到的事远没有那么轻松，不少人被蛇咬后，久病不愈，甚至有被咬死的。

人与蛇太亲近了，就会互相侵犯、各不相让，人与蛇和谐共生实在不容易做到。

取名字

孩子出生后，给孩子取一个响亮、吉祥、经得起推敲的名字，确实不容易。为此，有的人把字典翻了个遍，有的人还专门请了"风水先生"测算八字、五行等，几天或者十天半月之后以为大功告成，取了一个自以为好听的名字，结果等孩子长大后，发现自己的姓名，不是跟别人的雷同，就是成了别人的笑柄。堂哥如富，与我们当地话中的"提裤子"是谐音，因此堂哥与同学天天打架，后来就不再上学，贻误了终身。堂姐夫朱昌造好听吧，"繁荣昌盛的制造者"，结果被人嘲笑为"猪上灶"。某夫妇生了四个男孩，高兴不已，就为四兄弟取了这样四个名字：锦根、锦钱、锦通、锦祥。有了"根"，有了钱，做生意四通八达，还很吉祥，寓意多好啊。可是，把四兄弟的名字连在一块说，就成了客家话"越跟越前，越动越痒"的谐音，好生烦恼。

至此，我似乎明白了一些，取名字其实至少要经历三个过程。

首先，父母"呕心沥血"、费尽脑汁地取名字的过程。

其次，名字一旦形成，就要经得起检验，特别是小伙伴、同学们的检验，大家在一起玩耍的时候，总感觉叫着别人的大名别扭、不过瘾，有时还不够解恨。所以，总要从你的名字中挖出一些名堂来，恶搞一番。所以说，一个人有了"大名"，总要有一些"别名""绰号"，这样才能让人叫着爽快、解恨，你听着也"解痒"，跟着的才能是哈哈大笑。你笑了别人，别人也肯定会想方设法取笑你，所以"取绰号文化"由此诞生。什么"大冬瓜""胖鱼头""狗剩""石头妹""龙沟"，什么好笑就取什么名字。这样的绰号很多时候是伴随你一生的，很多人知道你的绰号，却不知道你的大名叫什么。

最后，经历这样一番折磨以后，你慢慢长大、成家立业了。这时，你的名字还要接受生活对你的考验。你是否富裕了？是否发达了？发达了，人家就会先看看你的名字是否取得好。如果是一般的名字，人们自然会感觉有些失望。如果是吉祥、富贵的那些名字，人们自然会说："唉，难怪，名字都取得这么好，不发达才怪？"可惜，我马上找到了很多反例。小学有个同学，取名叫发财，可他是"相当的不富裕"。大嫂却不同意我的观点，她说："你大哥，因为缺火，取名火德，有什么？穷得叮当作响。"我无语。其实，在我看来，大哥相对比较穷，是因为没有读书，缺少一些见识和眼光。

以上的一番论述，在中国，其实大多是对男孩而言的。对于女孩，就来得随便了很多。我兄弟姐妹八人，大姐排行第四，就取名叫四妹；二姐排行第六，就叫六妹；三姐排行第七，就叫七妹。我排行第八，不叫"八弟"，而叫"金发"。我自认为不好听，读书的时候还被人取笑为"金发女郎"，而父母觉得这样的名字响亮、吉祥、富裕。但我也只是"两袖清风"的一名教师而已，至今仍然"名不副实"。

取名字，其实真的是一门学问。但是跟未来的生活是否真的有关系要看情况，有的时候，还真的有。我堂哥如富就是一个例证。但是跟以后是否发达、富裕有没有关系呢？这就很难说了，取名叫"吴德富"（谐音客家话"唔得富"）的确很富裕，取名叫"牛发财"的却一辈子都是穷光蛋，这样的例子比比皆是。

说了这么多，有答案没有？我的回答是："没有答案，答案要自己去找。重要的是，你看清楚事物的正反两面就足够了。生活本来就是这样的，你能看清楚吗？"

如果还是要我回答，我只能告诉你："这是一道开放题，你懂的。"

4

说　狗

说狗，不仅仅因为我属"狗"。

对于"属狗"事件，小时候我有强烈的申诉，可惜无效。记得有一天，小伙伴们在一起玩耍，有人说起生肖的事情，甚至有人在炫耀他属威猛的老虎或者是吉祥的龙，而我属狗，那种被主人呵斥又没得好吃的狗。我气愤地说："我今年属狗，明年就不属狗了。"引得大家一阵大笑，直到长大后，姐姐们还在说笑这件事。

对于狗，我是印象深刻的。小时候，生活在农村，出门、上学等都要经过一些村庄。家家户户都会养狗，一是为了看门、防小偷；二是为了防狐狸、老鹰等偷吃鸡、鸭。

经过村庄时，狗就会狂吠不止。对于这种狗，我们不是很怕，手里拿根柴火或树枝就可以了，也可以蹲下假装捡拾石头，狗就会迅速跑开，待主人出来呵斥几声，它们就不再狂叫了。这种狗是做给主人看的或者是报信，待主人确认后再见机行事。这是聪明的狗，我把它称为"浪骚狗"。

可怕的狗，是闷声不响的，是那种自以为是的狗，不叫或者小声叫几声，然后趁你不注意，死命咬你一口。这样的狗很可怕，防不胜防。所以遇到这样的情况，手里拿的"家伙"始终不能扔掉，要用以威慑这种"闷骚狗"。

我们要防备的是这种"闷骚狗"，而不是"浪骚狗"。

狗可以威慑人，也很听话，所以经常被主人利用。记得小时候，我的一个发小上学时每天必经过我家门口，当我们闹别扭的时候，我就会唆使小狗去恐吓他。现在想想，我都觉得惭愧，但是这也成为我们长大以后喝茶聊天时调侃的笑话。

害怕别人家的狗，但是对于自家养的狗我还是很喜欢的。记得家里曾经养了一条"虎斑纹"狗，异常凶猛，却很听话。我常常与狗为伴，上山时必定带上它，它可以为我开路，为我驱除寂寞和恐惧，有时发现一些野兽，还可以让它狂追不止，甚至还会有些小收获，如小松鼠、野兔之类的，其乐无穷。

参加工作以后，家里养了一条黄色毛的狗，它不凶猛，相反，异常听话、友善，即使看见陌生人，它也不叫。每次周末回家，远远地看到我从村口过来，它就会很兴奋地跑来迎接我。有时，我会带一点肉回家，在厨房做饭的时候，它就蹲在旁边，很友善地看着我，也不偷吃，只有送给它、命令它吃的时候，它才会摇着尾巴欢快地接受。

狗的忠诚还表现在经常做"越俎代庖"的事情上。"狗拿耗子"在我看来还真的不是多管闲事。因为，我们家的猫有段时间忙不过来，楼道里到处都堆满了地瓜，老鼠就泛滥。狗在这时真的就"拔刀相助"了，帮了猫们和我们的大忙。但是，有时又因为狗不分场合，半夜时分，把老鼠追赶得惊天动地，次日，难免被臭骂或者挨打，但是狗并不记仇。

狗的可爱，让我经常想起它们，也因此经常有养狗的念头，但是受条件限制，每次都只好作罢。

狗，其实是人类的好朋友，与人友善，但是因为人，因为有些人的教唆，还因为要邀功请赏，所以它们有时又会变得凶狠，不是有个成语说"狗仗人势"吗？使坏的是狗，但幕后主使往往是人，"走狗"一说也由此诞生。

善良的狗，一旦误入歧途，也会成为帮凶。

养　蜂

姐姐家养了好多蜜蜂，外甥媳妇把养蜂、割蜜的图片晒到朋友圈，瞬间把我的思绪带回老家。养蜂的记忆如开闸的洪水涌出，思如絮，乱如麻。

想象中，跨越千山万水，到了乡所在地，再走约20华里，到达南坊林场。再进去，是伐木工人开拓的山间黄泥路，接着是崎岖小道，上山、下山、蹚水，穿过茂密的林间小径，寂静、幽暗，好长好长。突然，豁然开朗，远远地就能看到我的家，山坡上，竹林间，还有门前菜地的枣树。别急，还要紧赶慢赶20分钟左右才能到。当听到小溪的哗哗流水声、蜜蜂的嗡嗡叫声，抑或大黄狗的欢叫声，那就到家了。

记忆中，我家到处都养着蜜蜂，楼道里、橱窗里自然不必说，三哥连牛栏的小窗户也不放过。到了中午时分，外出采蜜的蜜蜂成群结队地飞回来了，那个热闹场面不亚于赶集。很多外人怕被蜇，都不敢靠近。我们却很好奇，哥哥告诉我们，那种黑色的蜜蜂是雄蜂，并不蜇人。我们听后就把它抓住，它很温柔，真的不蜇人，只是嗡嗡地叫。我们发现，它的腿上并没有花粉，哥哥又告诉我，雄蜂并不采蜜，只是玩。我们听了，立时对它有了一些厌恶感：懒惰的雄蜂能干什么呢？光吃蜜？

养蜂看起来只是需要等待，等待丰收时刻，而我们坐享其成？其实不是。

春天是百花盛开的时节，也是蜜蜂繁殖的季节，它们好像一夜之间多了很多。哥哥告诉我们，蜜蜂可能要分家了，叫我们密切关注蜜蜂的动向。一旦出现征兆，立即呼叫大人。农忙时节，大人们都到远远的田地间劳作了，可我们自有应对策略，拿出早已备好的沙粒，朝着上下翻飞的蜂群奋力撒过去，奇迹出现了，蜂群就近找到树枝落下，拥做一窝蜂。我们静静地观察，等待哥哥回家，帮刚刚分出的蜂群另找一个家。如此循环，蜜蜂的队伍就逐渐壮大。可是，也有让蜜蜂"溜号"的时候，等我们发现，蜂去箱空。

过了五月端午节，我们就不再担心蜜蜂飞走了。可是，不久之后，我们又发现，蜂群周围经常有大黄蜂出现，趁机捕捉蜜蜂。小蜜蜂们尽管害怕，但是蜂巢门口仍然有许多小工蜂誓死捍卫，尽管都瑟瑟发抖，但是它们没有退却。我们就拿了棕树叶做的苍蝇拍，接上长长的竹竿，瞄准了大黄蜂，死命拍下去，把它打死。有时，小蜜蜂并不领情，有一次，我刚赶走大黄蜂，小蜜蜂就疯了似的一窝蜂涌向我，穿着红色小背心的我，从头到脚，被蜜蜂蜇了个遍，瞬间痛晕过去，把母亲吓得号啕大哭。

秋天了，有一种好大的"蛾子"，会趁夜色偷袭蜂巢。如果发现本来寂静的蜂巢突然骚动起来，那肯定是这种"蛾子"偷吃蜂蜜来了。要赶走这种"蛾子"是一个技术活，我只好呼叫三哥、大哥等人来帮忙。

冬天了，百花凋零，气温骤降，哥哥又要忙着给蜜蜂保暖，有时有些蜂巢少了蜜，还要人工回放一些，以免把它们饿死。

人、蜂一年的忙碌，换来了当年我家里最为奢侈的产品——蜂蜜，这让很多村里人羡慕。他们也学着养蜂，可惜就是很难有规模，即使有了一定规模，第二年的春天也会飞走大半。哥哥说，因为我们家房屋的朝向好，适合蜜蜂生长。我半信半疑地看着母亲，母亲肯定地告诉我说："你爸爸在世时，更多。"

可惜由于母亲的一次意外，"篾骨火"掉在楼板上，点燃了干枯、老旧的木板，引发了一场大火，把我家烧得面目全非。慌乱中，母亲拼死抱出熟睡中的我，但蜜蜂在这场大火中几乎损失殆尽。后来我们虽然还养蜂，但是规模远不如从前。看着到处黑乎乎的墙壁、梁子，无法想象当年父亲在世时的"蜜蜂盛世"。

现在，我们搬离那个小山村很久了。可是，养蜂的情结仍然不变，哥哥、姐姐都在养蜂，六姐家的蜜蜂最具规模。而最让我感动的是，远在福州的二哥，竟然能在闹市的家中养几窝蜜蜂。偶尔出差到福州，二哥还兴奋地让我看看那一群小精灵，一群不屈不挠、辛勤劳作的小蜜蜂。

第六节 自传式教育叙事研究案例（五）
——生活感悟

"刺猬人"

出门在外，人与人之间自然是相互提防的，更何况还有骗子、小偷之流。即使是同行，如果不太熟悉，也是有所防备的。

参加工作以后，与同行范先生相识，并有了更深的了解，成为好朋友，成为别人眼中的兄弟。后来又因机缘巧合，我们同时参加省里的骨干培训，成为同学，三年培训，一起学习，还经常同住一间房，这样的频繁接触，却使彼此心中生出一些厌倦感。

与妻子相识，是在乡下一所学校。结婚头几年，妻子比较依恋我，我不觉得有什么好，当然也不觉得有什么不好。但是时间久了，两人经常有些摩擦，甚至吵架，有几次还吵得很凶。近知天命之年，彼此之间少了些伤害，我似乎更加依恋妻子一些。

儿子出生时，我欢欣雀跃，从此身边多了一只小麻雀、小跟班，游泳、打球、逛商场、外出旅游……但记不起从什么时候开始，孩子不再愿意跟着我们，即使一起去，也保持着距离，好像彼此身上都长着刺，怕伤了对方。出差十几天，回家看到儿子似乎又长高了，真想抱抱他，但还是作罢，因为孩子已经长大。

记得我参加工作后，母亲也渐渐老去，她常来我单位小住，我经常牵着母亲的手外出，让旁人眼红母亲有个大孝子。但有时小住时间长了，这种亲昵感就少了，也莫名有些烦躁。母亲便不再住下去，找个理由知趣地回乡下了。我又生出许多愧疚来，有时还偷偷流泪。

母亲回到乡下，与我哥嫂同住。在我记忆中，哥哥、嫂嫂很难与母亲友好相处，生活中的磕磕绊绊和烦恼也不少，时常有闹矛盾的时候，回到家里母亲是一把眼泪一把鼻涕地诉说。面对的都是亲人，我百般无奈。我这才深刻体会到农闲时刻母亲与我小住片刻的道理，当然，这其中大部分是因为母亲想念自己的儿子。

种种现象，让我想到一个词语——"刺猬人"。人与人之间，好比刺猬之间的关系，彼此要相互依赖，但是又不能靠得太近，走得近了，就容易互相伤害，甚至生出厌恶之感，适当的距离才能保持更长久的友好关系。

我是一名教育工作者，这种距离产生美的辩证思考，又使我想到了我与学生们的关系。既要关心学生，又要与学生保持一定的距离，形成一定的"陌生感"，这样才会使教师多一份神秘感，吸引学生天天与我们一起快乐学习。

吃甘蔗的启示

小时候，甘蔗是一种奢侈品，只有到了春节，才会从集市上背回一小捆。到了正月十五，这些美味的甘蔗就几乎消耗完毕了。但是，母亲总是能给我们一些惊喜，偷偷藏起来一两根甘蔗，在我们胃肠最缺食物时砍出一小段。不知道是有意还是无意，母亲总是从甘蔗的尾部开始，切下这么一小段，给我们姐弟分享，小小的一段甘蔗，美味无比。越到后面，我们姐弟越急切，因为甘蔗的根部清甜无比，让我们至今回味无穷。

吃甘蔗的这段经历，历经岁月的发酵、升华，也让我有了一种领悟。有人说，人只能往好的方向发展，越活越有滋味，越干越有奔头，这才是我们追

4

求的生活真谛。假如你原来生活得很幸福，但是突遭变故，就有可能接受不了这样的现实，甚至走向死亡。

生活如此，与人交往又何尝不是这样？工作近30年，我接触了很多人，结交了很多朋友。有的一开始就热情似火，但是一段时间过后，却不再交往，似过客；有的一开始只是与你平淡如茶，但是随着岁月的累积，友情却与日俱增，成为挚友。

18周岁从师范毕业，我就当上了教师。那时候，年轻有热情，感觉与学生交往时应该热情似火。但是时间久了，热情少了很多，火倒是多了不少，学生一次又一次被我的"热情与火"并存的状态伤害，开始不再那么欢迎我。一次又一次后悔、反思，却总是很难克制自己。直到中年，才有了一种渐入佳境的感觉，"吃甘蔗的启示"浮出了水面。我不再先入为主，而是循序渐进，先有规范，后有绵绵动力，再不断小火加温，如粤人煲汤、品茶，渐入佳境，欲罢不能。

有没有人与我有相同的感受呢？我习惯性地求助百度。百度上跳出了关于晋朝最著名画家顾恺之吃甘蔗的趣事。顾恺之爱吃甘蔗，他每次吃甘蔗，都是先从甘蔗尾吃起，慢慢才吃到甘蔗头。这正好和一般人的吃法相反。有人问他为什么这样吃，顾恺之回答说："这样吃才能渐至佳境呀！"

渐入佳境，是人生至妙境界，也是教育的真谛。这时，我内心深处蹦出了一句话："再来一根甘蔗，就从尾部吃起！"

三哥风格

在我的记忆里，三哥是个"吊儿郎当、不务正业"的农村青年，因父亲很早就离开了我们，大哥结婚后就另起锅灶了，而二哥则光荣地参了军。按道理讲，三哥这时候应该是家里的主劳力，但是他不安分，经常东奔西跑，不知道在弄些什么事情。大约是1978年冬天，三哥结婚了，母亲以为三哥可能会安分一些了吧。可是，事情仍出乎意料。

三哥的岳父是一个小商贩，经常走南闯北，这正合了三哥的心意。三哥的岳父是个牛贩子，他就经常跟着上江西、下广东，把江西的牛贩卖到广东，从中赚取差价，折腾了一段时间，也没见他拿回来多少钱。后来，他又开始倒卖起银圆，20世纪80年代初，能做这个生意的很少，我知道这回三哥赚回了一些钱，手上有了一块厚重的手表，晃着亮光。据三哥自己说，这块表当时就要80多元，老贵了。

银圆生意很快就断了货源，后来他又迷上了打猎，他有一把心爱的猎枪，还有一些机灵、凶悍的猎狗。那时候，我们家开始养起猎狗来，猎狗除了跟着三哥打猎，还经常跟着我去放牛，跟着姐姐上山砍柴，有一只机灵的猎狗还经常咬回一些猎物，如野兔、山鸡等。无论是农忙时间还是闲暇时间，只要有人召唤，哪里有野猪、麂子出没，三哥二话不说，背起猎枪、呼叫着猎狗就一路狂奔而去，经常留下两个姐姐在田地间劳作。

打猎赚不了钱，有时几天下来，连野猪的骚味都没有闻着。母亲的责怪，加上内心的煎熬，三哥只好另想办法。

有一天，从岳父家回来后，三哥告诉我们，他要去"打屠"，就是从别人那边买猪杀，然后挑到市场上去贩卖。这段时间，我们家的生活有了明显改善，三天两头有猪肉吃，我当然最高兴了，可是这时母亲又心疼起三哥的熬夜来。有一回，应该是我读初二的那年暑假，跟三哥搭档的朋友临时有事，三哥就把我叫上当帮手。这次是去三嫂的大姐家牛皮坪村，我们翻山越岭，下午5点左右就到了。由于是亲戚关系，晚上我们享受了一顿美餐。吃完饭后，我想着是否要帮忙杀猪，三哥说，杀猪要半夜起来杀，弄好了直接挑到市场，这样比较新鲜。我只好先睡觉。半夜时分，三哥把我弄醒，在睡眼蒙眬之间，一阵手忙脚乱，我现在也不记得我帮了哪些忙。天亮时分，我们把猪打理好，吃完早餐后就急着赶到大阳圩集去。卖肉，我是不会的，看着熟悉的人过来，我都不好意思，我只管收钱。临近下午3点，大部分肉都已经卖完，还剩下一些猪头肉，三哥说："不卖了，挑回家自己吃。"这正合我意。回家的路还有15华里，走过南坊林场的树荫底下时，三哥提议，就在树底下睡一会儿觉。我们躺在树底下不一会儿就呼呼睡着了。不知道过了多久，同村的人路过把我们唤醒说："哇，这两兄弟，包里一堆钱，也不怕别人偷走。"我一看钱包，原来当枕头的钱包已经暴露无遗了。

杀猪贩卖的营生让我们过了一段好光景。但是后来据三哥说，因为赊账的人太多，干得又累，只好作罢。

我读师范那年，三哥终于安分了一些，开始上山种香菇。那一年香菇大丰收，家里第一次有了较大的一笔收入。这又拨动了三哥躁动的心，第二年，他和三嫂租借了大姐在桂坑圩的一间仓库，开始了贩卖百货的生意。这一次的决定，让三哥最终走上了小商人的旅途，开始了比较稳定的经商生涯。一路闯荡，一路探寻，终于也改变了我们家世代为农的状况。

此后，三哥的儿女们也开始了经商谋生，上海、武夷山、县城，侄女、侄子们把生意做得风生水起。

原来世代为农的家庭，因为三哥的做事风格、思考方式以及后来他岳父的影响，也走上了经商致富之路。

教育是什么？教育是一种以身作则的影响，一种家风，一种亲人、朋友圈的相互感染。

大哥与堂哥

每年春节，都是我们回家与兄弟姐妹聚会的快乐时节。大年初三，大哥家来了不少侄子辈的年轻小伙子，当他们谈到原来住在我家对面小山坡的堂哥一家时，我才惊奇地发现，原来他们一家已经全部搬进城去了。多年未见，听说堂哥家的两个侄子已经参加工作，而且都谋得了好差事，孩子们的出息改变了一大家子的命运。这不由得使我回想起许多往事……

以前，我们都是住在大山里面的，我们自然村共有九户人家，每家都过着日出而作、日落而息的日子。我师范毕业后，就分配在自己的乡镇小学教书。哥哥、姐姐就利用我当老师的便利，把小侄子、小侄女等送到我的学校读书；我工作变动，他们就跟着我到另一所学校读书。唯独大哥没有这样做，也许他体谅我，不想给我制造太多麻烦，也许他没有想到，总之，大哥的儿子、女儿都在自己的村庄小学读书，两个侄女只读到小学一年级就辍学回家帮忙了，侄子老四勉强读到职高肄业。

日子就这样一天天过去，我们也没有觉得不对，也没有觉得不好，大哥也从来没有埋怨过我。直到谈论起堂哥一家，我才突然发觉我们都忽略了下一代孩子的教育。

堂哥家其实也很穷，更没有利用我当老师带来的便利，但是他们重视孩子的教育，相信读书能够改变命运。因此，虽然两个小侄子读书不怎么样，但是仍然坚持读。高中几次都没有考上，但他们不断复读。用旁人的话说："老师都读死好几个……"当然，这是夸张的话，不管老师死没死，他们终于考上了大学，实现了走出大山的梦想。

而大哥家只是在扶贫工作队的帮助下，搬到了乡镇所在地的新村，几个孩子靠打工挣钱过日子。当然，我绝对没有说打工不好的意思，也没有待在农村不好的想法，我只是想以此来说明一些事理。

有人说："未来孩子的竞争，其实是现在家长教育方式的竞争。"是的，我大哥与堂哥两家人不同的出路，已经很好地印证了这个说法。作为今天的家长，我们又该做怎样的教育思考？

写完这篇短文，其实我内心仍然很纠结，除了感觉愧疚，还有很多……

烦恼的"红包"

春节刚过，有一个话题是大家绕不开、躲不过的。那就是发给孩子的压岁钱，有些地方俗称"红包"，而在广东等地区称为"利是""利是封""利是包"。

传统春节热闹而喜庆，给孩子、老人发一个红包无可厚非，这是对孩子新的一年健康成长的期望，是对老人的尊敬和孝顺。

这个习俗据说最先源于唐朝宫廷，是唐代宫廷内春日散钱之游戏。又据《资治通鉴》卷廿六中记载，时杨贵妃生子，"玄宗亲往视之，喜赐贵妃洗儿金银钱"。王建的《宫词》中也有描写："妃子院中初降诞，内人争乞洗儿钱。"洗儿钱除贺喜外，主要还是长者给新生儿镇邪祛魔的一种做法。后来，赐钱给新生儿的风俗逐渐从宫廷流传到民间，成为宋代民间的重要风俗之一。宋、元以后，逐渐演变为今天所见的压岁钱风俗。

与压岁钱有关的传说，是关于野兽"岁"或是"年"的传说。传说野兽每到年三十这一天，就会出来伤害孩子。大人想了很多办法，其中一位母亲把铜钱装在红色的袋子里，放在孩子的枕头底下，结果发现野兽就不敢靠近小孩了，由此起到驱邪避魔的作用。后来逐渐演变为一种祝福的风俗。

这种美好的祝福一直伴随着我成长，小时候我们收到压岁钱是最兴奋的。但是随着时代的发展和年龄的增长，自己也为人父，这件事情却成为春节时最大的烦恼事。

年三十，给自己的父母、长辈、孩子发红包，是我们应该做的。令人苦恼的是，正月访亲探友，也要给众多孩子红包，从最先的几元钱到现在的几百元，甚至上千元。更有甚者，趁此机会给领导的孩子一个足以让人窒息的数字，成为贿赂者或受贿者，这就更加可恶。

给红包最考验我们的有几件事。一是到底给多少，多了给不起，少了没面子；二是给多少还要看对象，自己的领导、至亲的孩子可能要多给，还不能让别人知道；三是自己的孩子收了别人的红包，也要还人情啊，所以还要另外准备红包。可是，对方给了多少，你也要知道啊。给多了，自我感觉"亏了"，给少了又"愧对"朋友。有时，外出做客，难免人多杂乱，孩子的红包究竟是谁给的？是多少？搞不清了，成了糊涂账，足以让你烦恼半天。

烦恼吧？这还没有结束呢。前几年，我到广东工作，新的烦恼又来了。

广东的朋友们更客气。上班了，同事们要给同事的孩子发"利是"，后来听说还要给没有结婚的人发，一时间"利是"满天飞，你给我来我给你，不胜烦恼。

与朋友说起此事，朋友的一肚子苦水就更不用说了。他说他的老婆是浙江人。春节拜访岳父母一大家子简直是"受刑"，他们的红包已经发展为四位数，甚至五位数。一个普通的打工者，能受得了这番折磨吗？

春节回家，我惊奇地发现，我的至亲姐妹之间走访，大家约定不再发红包，但是我又发现似乎欠了很多人情。看着哥哥、姐姐的孩子甚至是孙子、孙女，我两手空空，无以馈赠，羞愧之情溢于言表。

唉，这烦人的"红包"……

老鼠也放暑假吗

繁忙、紧张的教学工作终于又告一段落了。暑假的第一天，我兴致很高，哼着小调从教工宿舍下到一楼，路过食堂门口的时候，看见一群老鼠慌乱逃窜。它们猖狂、得意的样子让我有点不自在。突然间，我似乎灵光一现——何不找老婆所在的物业管理处要点老鼠药，把它们"药翻"？主意一定，我高兴得差点笑出声。

当天晚上，我悄悄把老鼠药放在了几个常看见老鼠的洞门口，期待第二天的好戏。果然，不出所料，第二天一早，我急匆匆地四处查看，发现地板上直挺挺地躺着好多只大老鼠，细细一数，竟然有7只。初战告捷，我兴奋不已，晚上我又如法炮制，期待第三天的辉煌战果。但是，第三天却让我大失所望，地上只发现了两只小老鼠。奇怪了，难道老鼠识破了我的伎俩，它们不会那么精明吧？不说数以百计，最起码数以十计的老鼠去哪儿了呢？思考片刻以后，我只好自嘲说："难道老鼠也放暑假了？"

此后，我每次下楼，经过食堂附近，都会有意识地看看老鼠洞、看看老鼠出没的地方，谁知它们竟然不见了踪影。难道老鼠都害怕了？有一天，因为有事，我跑着下楼，路过食堂门口的时候，一只大猫从泔水桶中翻滚出来，空的泔水桶也顺势倒下。见此情景，我恍然大悟，几天的疑惑终于得到了很好的解释，原来老鼠的"衣食父母"——学生放假了，泔水桶里空无食物，老鼠们实行"战略大转移"了。

其实简单的现象背后的事理也不简单，有时还蕴含着些许哲理。这不，事物的普遍联系原理在这里就得到了很好的印证。

"楼王" 的故事

晚间与妻子散步、闲聊，她告诉我一件事：某小区业主之间发生了激烈的矛盾，住在"楼王"的业主与跳广场舞的大妈发生了剧烈的冲突。孩子读书，晚间要做作业，可是楼下音乐声震天，谁能受得了？围着大妈们嬉闹的还有一群孩子，因为在"楼王"的周围是一块空旷的草地，其上还有喷泉。如此好的环境，是当初"楼王"业主们买房的吸引点，可谁也没有想到，竟成了他们的烦恼。

当初买房时，其实我也很看好"楼王"，可惜因为我没有多少钱，只好作罢，看来今天竟成了好事。

当教师多年，我的经验越来越丰富，很多时候，我们的经验就是真理，屡试屡爽。可是也有不对的时候。上一周，学生们学习"四则运算"，搞清运算顺序很重要，对吧？是的。所以，我与他们在一起归纳时写出了这样一句话："同一级运算，从左到右依次计算。有加、减、乘、除的，先算乘除，后算加减。"都知道了，那就练习吧。可是完成课外作业的时候，有个孩子写了这样一步：$28 \div 4 \times 7 = 28 \div 28 = 1$。对吗？肯定错了。如果是我，我肯定会告诉他，同一级运算，要从左到右。幸运的是，当时不是我在旁边，而是热心又细心的小莫班主任，她让孩子说出了自己的想法。"老师，不是说先乘除吗？我就先算乘法，再算除法呀。"原来孩子是这样想的。老师，你能够想得到吗？只有知道孩子内心真实的想法，才可以真正帮助他们纠正错误。

不同的人，在不同的知识起点、不同的环境中，会产生许许多多让人意想不到的结果。记得小时候读过一篇课文，叫《诚实的孩子》，课文讲的是列宁去姑妈家做客时把花瓶打碎了，后来主动承认错误的故事。课文讲完了，我也知道要做一个诚实的孩子的道理了。可我就是对"姑妈"是何许人物耿耿于怀，从字面上推敲，"姑妈"是姑姑的妈妈，那不是我奶奶吗？为什么不直接叫奶奶呢？再看课文插图，她也好像没有奶奶那么老。看看同学，他们似乎都知道姑妈是谁。我一直不敢问，直到中学读书时我才知道，"姑妈"就是我们客家话的"姑姑"。唉，谁也不知道我有这个烦恼。

意料之中、理所当然、自以为是，有时就不是那么回事了。学校在搞"学生午休消防逃生演练"，老师们都在为"学生到底要不要穿鞋逃生"而争论。有人说，光脚逃生才真实，有利于达到消防演练的目的。可是，回过头来想想，在一场大火中，有几个人能那么理智，还要考虑是光脚还是穿鞋。穿鞋，也有穿鞋的好处。"逃生意识"强烈到如此程度，是不是有点精神失常了？天天都要绷着神经"想着逃生"？我的理解是，"消防逃生演练"重要的不是这个，应该是一种意识的觉醒，而不是要搞得"天天自危"。想当然的做法，不一定就对。

经验，有时候还要用更多的事实去验证，而不能盲目。因为真理与谬误只是一件事物的两个面，如此而已。

你心中的"楼王"有时不一定好！

鞭炮花

得缘于去南国工作，目睹鞭炮花的风采。在贫瘠的土地上，一束抑或一簇、一丛，蓬蓬勃勃，一路欢笑，一路攀爬，在围墙上、在树枝头，恣意绽放，在寒冷的冬日里，给人一种温馨而又有生机的景象，让我完全忘却了想象中的鞭炮花，那种只会"攀高枝"的鞭炮花。

如此可爱又有生命力的鞭炮花，为何是只会"攀高枝"的花呢？我分明看到围墙由于鞭炮花而变得格外有生机，那是一群孩子的欢笑，那是一群年轻人的球场竞技，那是寒冬里的缕缕暖阳。

看见过瓦缝里长出的松树苗，也看见过石头底下长出的竹笋，却没有看见过冬日里如此有生命力的花。因此，新居落成，阳台上就多了一盆鞭炮花。园林工人告诉我，种植鞭炮花对于土壤没有什么过分的要求，只需要充足的阳光和水。

初春时节，栽下一株小树苗，初夏时分，它就已经蓬蓬勃勃爬上围栏了。似爬山虎，却比爬山虎可人；是鲜花，却没有君子兰的娇嫩。就这样，一路向上，一路向阳，没有抱怨，只求成长，最终获得的是满眼怒放的灿烂鲜花。

写到这里，我想起这样一个故事：小时候看月亮，总觉得月亮神秘而美丽，于是仰头去追，可是我越追，月亮越是躲开我。母亲见了，对我说："孩子，为什么要去追呢？如果你一心赶路，月亮自然会跟着你。"一天，我赶夜路回家，突然想起了母亲的这句话，于是回头看了一眼天上的月亮，发现月亮果然一路跟在我的身后。长大后，我从这件事上悟出了一些道理：如果把月亮比作一份荣耀，那么我们越是想着荣耀，越是贪婪地去追逐荣耀，荣耀反而越会远离我们；如果我们能一心赶路，把人生之路走得更快更好；如果我们能专注地做好一件事，把事情做得更完美更成功，那么属于我们的荣耀自然也会尾随我们而来。

一心想要获得荣耀的人，可能很难有荣耀；一心想要拥有很多金钱的人，可能很难实现梦想。因为他们眼中所看到的仅仅是私欲，而无其他。

鞭炮花，你是我心中的君子吗？

蚂 蚁

今天，想起了蚂蚁，想起了微不足道的蚂蚁。

家住乡下，经常能见到蚂蚁。在屋檐下、在石缝里、在草丛中……随处可见。闲来无事时，我们一群小伙伴就会经常与蚂蚁打交道。

与蚂蚁玩得多了，我们也知道了它们的一些信息。自然课上，老师给我们介绍了蚂蚁的不少知识，我们对蚂蚁真的有点肃然起敬。

长大以后，我们从杂志上看了很多关于蚂蚁的介绍。印象最深的是，在国外的某个农场，农场主抗击蚂蚁大军的事件，借助百度，我们还原了当年看到的农场主抗击蚂蚁大军的事件。

农场主还清楚地记得：40年前，在离这里320千米的故乡也发生过一次蚁患。

……隔着只有20米宽的排灌沟，人和蚁对峙着。但没过多久，蚁群就开始进攻了。它们突然一只叠一只，叠起了近2米高的蚁墙，然后上面的蚂蚁就像要跳过沟似的，居高临下地跳下去。但最终还是落在沟里，被水冲走了。

近中午时，蚁群停止了进攻，退到不远处的森林里。太阳刚刚往西偏了一点儿，蚁群又卷土重来，而且拖来了无数片树叶。它们用树叶当作小船，成功登陆了。

于是，人们马上把汽油倒进沟里并点起火来。蚁群跟着涌过来，但又被大火吓退了。就这样战斗了一夜，天已大亮。人们猛然发现自己已经被蚂蚁包围起来了。

储存的汽油尽管颇为可观，但要这样连续燃烧，按最节约的方法使用，也只够用两天。

这时，农场主想打开大水闸让亚马逊河的水冲走蚁群。但控制大水闸的开关却在火墙外300米的地方，而人们现在已置身于蚁群的包围之下。

劳斯自告奋勇，全副武装，迅速奔向大水闸。虽然只用了2分钟，但蚂蚁已经爬满他的全身。他稍微喘了口气，就开始扳动控制枢纽，直至把闸门全都打开。

一小时后，这一带就会变成一处泽国了。劳斯迅速往回跑，跑到一半时，他猛然感觉到有一只蚂蚁不知何时已经钻过了防护衣，并隔着内衣狠咬着他。劳斯知道现在对那只蚂蚁是没有办法了，只有迅速跑回人群里，才能消灭它。

蚂蚁却咬穿了几层内衣，并狠狠地往他背上咬了一口，疼痛使劳斯眼一花，几乎摔倒，还剩下30米，他用巨大的毅力坚持着，刚一定神，蚂蚁的第二下、第三下啃咬使他晕倒在地。就在这时，农场主和另外两个穿着防护衣的小伙子同时冲出去，把劳斯救了回来。

庆幸这群蚂蚁终于被大水冲走了，否则后果不堪设想。

这是一群可怕的蚂蚁！也是一群令人肃然起敬的蚂蚁！

买糖的故事

上小学的时候，我是我们小山村的"义务交通员"，为小山村的乡亲们捎信、买火柴、"打洋油"等，那是常有的事情。最高兴的是帮乡亲们买糖，因为可以趁机占一点"甜头"——那都是乡亲们默许的酬劳。

记得那时的小学旁边，刚开始只有一家小店，就在大队的楼下。但是不知道从什么时候起又多了一间，是民兵营长的老婆开的。她不光长得年轻、漂亮，还特别照顾我们。其中买糖的细节，我到现在也没有忘记。

那家老店是大队支书的爸爸开的，他戴着老花镜。我们买糖时，他摊开一张纸，往纸上倒上一堆糖，秤杆一翘，多了，把糖减掉，再一称，还是多，又减掉，如此反复几次，才能称好。随着秤杆的翘起、落下，我们的目光也随着移动，心在跟着骂：怎么还减？心痛啊！也无可奈何。

多了一间店铺，又有一个漂亮的阿姨在卖东西，我们好像都找到了惩罚老头的办法，都往漂亮阿姨的店里去。"她不抠！"我们都这样认为。

为什么呢？我们买糖的时候，她也会摊开一张纸，倒上糖，不够，再加，还不够，还加，直到那秤杆一翘，才放下。她笑了，我们也心满意足地笑了。

现在回想起来，是那个漂亮阿姨的美貌吸引了我们吗？可能有这个因素，但是我们那时心里想得更多的是：这个阿姨不抠，能给我们多一点糖。

其实，同样是卖糖、买糖，为什么会有不一样的感觉、不一样的效果呢？我们从来没有听说过那个老头缺斤少两啊。仔细揣摩，其实可能是因为那个漂亮阿姨称糖不够熟练，她的无意之举却让我明白一个心理学上的道理。我现在明白了，你呢？

亲爱的"妮妲"

不知道为什么，台风的名字都那么好听，让我有一种冲动，想叫一声亲爱的"妮妲"。"妮妲"好像也很懂人心，来得正是时候，东莞接近40℃的高温酷暑，谁不想来点凉快的雨水？

在"妮妲"还没有来的时候，我们都在盼望着。官网、短信、微信、坊间到处都在盛传"妮妲"的到来。也许是我看得不够仔细，也许是太过于急切，也许是"妮妲"正往东莞赶路，反正，从2009年7月31日下午开始，"老天爷"就有点不高兴了，阴沉沉的，傍晚时分外出，我们也是急匆匆往家赶。当天等了一个晚上，早上起来，推开门一看，却是风平浪静，"妮妲"连影子也没有。急匆匆打开网络，说是8月1日下午到达，可是晚上8点，还是没什么动静。再看网络，说是大约半夜时分才来，十四五级大风，据说是史无前例的超强台风，想想也有点害怕。睡觉前，我们关紧了家里的门、窗，收起了阳台上晾晒的衣物等，单等那台风"妮妲"的到来。半夜时分，终于来了，呼呼作响，拉开窗帘看看，似乎也没有觉得那么可怕，就又睡下了。

第二天早上起来，看到到处一片狼藉。老婆坐公交车上班去了，可是，不久她又回来了，说是班车停运，很多学校、单位也放假一天。有那么可怕吗？早上8点多，我还是开车外出，经过环城路，目睹路上的一片片狼藉，还看到不少高大的树已经倒下，一些较大的树枝折断在路边，这才有点害怕起来。就怕天降硬物砸到车上，那是很可怕的。

因为"妮妲"台风，我急忙赶回家，上午一家人待在家中看书、看电视，觉得也挺好，下午还是被困在家里，便开始有点不耐烦了。傍晚时分，每天约定的游泳时间到了，可惜露天泳池没法开放，待在家里有种莫名的烦躁。

打开网络，QQ群上传了很多被台风"蹂躏"的画面，水浸街、水进屋、水漫工厂，大树压倒路边停放的车，河水倒灌村庄……不看不知道，看了真的吓一跳。

还好，"妮妲"没有正面登陆东莞福地，那正面登陆的深圳又会是怎样的景象呢？不敢想象。

这才发现之前的充满期待真的有点幼稚。假如你身处这样的险境，还会感觉"妮妲"可爱吗？失去了才会知道原来的拥有是多么可贵。

"妮妲"，我认识了你，你不再可爱。原来叫着"妮妲"是有些许盼望的，现在却有了更深刻的体会。

这种相似的体会，其实我们经常会有，只是人们容易忘记过去，忘记伤痛，忘记非切肤之痛。

前段时间，我们家族中也发生了一件让大家刻骨铭心的事情。远在福州打工的哑巴侄子突然失踪了，牵动了我们整个大家族的心，大家到处寻找，到处发广告。哑巴侄子的突然失踪打破了大家平静而幸福的生活，我们开始为此奔波、担忧。一天过去，两天过去，三天过去，一个星期过去，终于在第七天早上，我的大姐发现了即将坐车走的无助的哑巴侄子，他已经迷失了方向，迷失了回家的路。假如真的找不到的话，我们一大家子谁会安心？只会有揪心与悔恨。

只有经历过，才会有这种感受。经历了"失踪"的哑巴侄子的事件后，现在也知道活在亲人身边的好处了。

经历，是最好的教育！

游　泳

我是40岁那年开始学游泳的。

那年暑假，儿子在学游泳，我陪儿子去。开始我只是傻傻地站在游泳池边观看、等待。热浪袭来，让人心烦意乱，无处可躲，于是，我有了主意，我也要学游泳，不过是自学的那种。

站在水里，清凉刺激的感觉让人无比兴奋。我知道，要学会游泳，首先要克服对水的恐惧。不过，我并不着急，先好好享受一会儿水的清凉，等不再感觉热了才开始试着潜水。我只是把头潜入水中，然后慢慢睁开眼睛，好奇地看看水底世界。听，岸上、水池里都有响声、叫声，但是好像离我有点远。怎么游泳呢？我先用一块泡沫帮助自己浮在水面，用脚不断打水。累了，躺下歇一会儿。如此几周，有一天晚上，我突然感觉自己有点儿会了，潜下水去，试着滑动，果然可以潜行，但是只能潜一会儿。我很兴奋，不断地尝试，还学着"狗刨式"的游泳，水花巨大，手臂超累，但我还是乐此不疲。

回家的路上，我高兴地告诉儿子，我也有点会游泳了。儿子建议我报名学游泳。我想着教练狠心的样子，还是拒绝了。

在我的带动下，老婆也开始心动了，跟着我们一起游泳。一段时间后，老婆主动报名游泳班学习游泳，而我还是没有参加。

那年暑假，也是我写第一本专著的时候，我上午在家写作，下午跟儿子一起去游泳。我泡在水池里，惬意地享受着水给我带来的凉爽、放松。有时躺在水池边，看天上的云朵慢慢飘过，享受着辽阔天际给我带来的无限遐想；有时潜入水中，静静聆听这个世界与自己暂时的隔离，很近又很远的感觉；有时跟儿子在水里做着游戏；有时跟儿子比赛一段游泳，当然，我是输的。儿子又鼓动我去报名学游泳，我只是笑笑，没有作答。

游泳给我带来的惬意，让我想着游泳池的好处。因此我在买房的时候，就增加了一个条件，没有游泳池的小区我不买。

卡丽兰花园小区是带游泳池的，而且是那种下潜式的泳池，从上到下，有三层，水从上到下，就自然形成了瀑布，看着让人欢喜。我没有过多犹豫，就选了这个小区。

一到夏天，游泳几乎成为我每天必做的一件事。但是，严格意义上讲，我并没有学会游泳，可我始终没有报名参加游泳班。我已经很惬意、很享受了，为什么还要去遭那份罪呢？享受这个没有功利性的游泳，足矣。

自行车

自行车最早被称为"脚踏车"，据说第一个将其称为"自行车"的是清末时期的张德彝。1922年溥仪16岁时，其堂弟溥佳将一辆自行车作为礼物送给了他，为此溥仪锯掉了宫廷中的很多门槛，就为了骑行方便。那时，自行车绝对是稀罕物。

20世纪80年代，自行车仍然是稀罕物。我毕业参加工作后，还不会骑自行车。有一天，我发现我的学生竟然骑着自行车来上学，我像发现新大陆一样，经常借学生的自行车在校园学骑，一段时间以后，我感觉似乎可以骑行了。有一天，我骑着别人的自行车飞速下坡，摔了个"狗啃泥"，连嘴巴也摔破了，懊恼、恐惧了好长一段时间。

没有钱，买不起自行车。大姐看我实在不方便，就主动把自己没用的自行车借给我，我如获至宝，小心呵护。可恨总是有朋友、亲戚来借用。有一次，有个亲戚借走自行车后，竟然还被偷走了，我又气又恼。时隔一个多月，自行车被重新找回。怕再次被人偷走，我主动把自行车还给了大姐。

工作第三年时，有个朋友送我一张"永久牌"自行车券，我高兴得不得了。趁着周末，我赶往县城，在同学的陪伴下，在县城五交化公司的仓库里，我花285元提了一辆崭新的自行车，那种兴奋劲，我至今记忆犹新。从县城到我所任教的学校至少有30千米，我愣是骑着自行车一路高歌，回到了学校。回到学校后，也不感觉累，把自行车擦得干干净净。从此，我拥有了第一辆自行车。

不过，这种兴奋劲好像没过多久，摩托车开始进入我们的视野，那种风驰电掣般的样子着实人见人爱。经过几年的奋斗，我拥有了第一辆摩托车，10余年后，我买了轿车，自行车不知道从什么时候起淡出了我们的视线。

偶尔散步，走在绿道上，有骑行的人全副武装地从我们眼前晃过，这时我才发现，自行车的新用途出现了，它不仅是代步工具，有时它还是健身、娱乐的工具。在好奇心的驱使下，我们几次造访山地车专卖店，并购买了两辆山地车，加入绿道骑行的行列中。

总以为自行车从此不太会像以往一样深入人心，走进千家万户。可是2015年春天，我惊奇地发现，大街小巷到处摆满了自行车，并已经有了新的说法，叫"共享单车"。不用自己购买，只需注册扫码即可骑行，方便至极。可是，这种"共享单车"似乎一夜之间遍布城市的每一个角落，又成为城市的一种隐忧。

见证自行车的起起落落，我们看到了很多，也想到了很多，与时俱进、不断创新对于事物的发展的确很重要。教育又何尝不是这样？

坐火车

应挚友李健邀请，我到广西玉林师范为小学数学国培班讲课，顺便取道赶往重庆。是坐飞机还是坐火车？我毅然选择了火车，是那种绿皮火车，我想再次体验这种慢生活，同时还可以感受沿途的西北风情。这种选择也勾起了我坐火车的种种回忆。

记得最早坐火车的那一次，是二哥带着我。那是1977年，二哥还在部队服役，他的部队是一个汽车连，新兵训练到了我们县城。二哥抽空把我接了去，在汽车上与很多兵哥哥一起度过了七天七夜，最后到达福建省省会、二哥部队驻地——福州。一个多月的暑假很快过去了，二哥送我回家，那是我第一次坐火车。记得当时我很兴奋，其他记忆却始终找不到了，回到家，我只是兴奋，却无法言说坐火车的感受，这令小伙伴们颇感失望。

后来，我逐渐长大。读师范时，有一年春节，二哥让我到福州过春节。我便从福建长汀坐车去福州，第二次是独自一人赶往福州，有点孤独感，也有点兴奋。这次，我仔细、认真地体会了坐火车的感受，还小心翼翼地穿过其他车厢，观察着、感悟着。到了福州，因为误点，哥哥未能接上我，我凭着当年的记忆，愣是找到了当年的驻军地点找到解放军同志询问，最终成功找到二哥。那时已经是凌晨1点多了，我的内心颇感委屈，而二哥只是一笑地肯定了我，说我"聪明"。

有了第一次、第二次，便有了后来的很多次，我先后带过大姐去福州看病，带过母亲去福州探亲。记得带母亲去福州探亲那次，母亲特别高兴和自豪，感觉自己最小的儿子已经长大。我也颇有成就感，踏踏实实让母亲体验了一次我给她带来的快乐。

参加工作以后，我不断地更换工作单位，也偶尔坐火车出差，但是这种记忆已经很难深留脑海。记忆深刻的是2001年的春节前夕，我接到了浙江宁波万里国际学校的面试通知。那是腊月二十六，大家都在忙着置办年货，我犹豫了一个晚上，第二天早上，毅然背上背包带着些许沉重，踏上了去浙江宁波的路。这次还是坐火车，但是买的站票，从福建龙岩一直站到江西上饶，十三个小时后才找到位置。下车后马上买返程车票，又是站票，其中的艰辛不难想象，我却依然用良好的状态通过了面试。

此后几年，我开始在浙江宁波工作。绿皮火车满载着乡情、亲情，牵动着我。

在宁波工作期间，第一次，让我牵肠挂肚的是我的妻子和刚满1周岁的儿子。一个多月后，妻子在我的鼓动下带着孩子和满满三个大包行李，来到宁波。我想着母子俩一路的艰辛，心急火燎地赶到杭州城站接他们，所幸一路有好心人帮忙。看到儿子在火车上搞得满脸油污以及妻子疲惫和略带惊恐的眼神，我的眼泪夺眶而出。

与家人相聚后，我少了很多牵挂。每年暑假，我们都定期回家看望哥哥、姐姐、岳父等亲人。这时候的感受让我们颇为享受，回家是旅行，返程工作也是旅行，有时还偶尔在杭州逗留几天，欣赏西湖美景，感受"许仙和白娘子"给我们留下的无穷浪漫。更何况，旅途中还有儿子的欢声笑语，每次坐火车，儿子都很兴奋，他也在旅途中见识了很多事情。这段时间，坐火车给我们留下了最美好的记忆。我们也在一次又一次坐火车的过程中看着儿子长大。

因为美好，所以快乐。2007年，我从东莞回宁波办理工作调动，儿子毫不犹豫地要跟我一同前往，同时他也再次见到了儿时好友。

绿皮火车，见证了我们的忧伤和快乐，也见证了我们的成长。

不过因绿皮火车的一次违约，让我至今想起来仍然心生愧疚。那是爷爷去世的时候，因为是春运，我们买不到车票，除了打电话，剩下的只是默然无声。

车到怀化，同伴大声的谈笑，把我从记忆中唤回。我仔细打量车厢的设备，回想前一宿坐火车的感受，却已经没有了当年的感觉。我不甘心，努力让自己静下心来，坐在窗边看风景，和同行的人说谈。时间一点点过去，但是始终找不到当年的感觉，而心里在默默念叨的是：什么时候才能到重庆？

这时，我想起了一句话："时位之移人也。"

绿皮火车，就让它留在记忆深处吧！

养 鱼

新居落成，我和儿子坚持要养鱼，于是我不顾老婆反对，去订购了一个鱼缸。儿子养鱼，是因为喜欢鱼，他可以蹲在鱼缸面前看上半天。而我要养鱼，多半是想讨个吉利。老婆反对，自有她的道理，因为两个男人只是图一时高兴，养鱼的任务多半都要落到她的身上。

新鱼缸来了，我们着实高兴，看着养鱼专业人员帮我们放置好鱼缸，布置好水景，我们立马购买了一些小鱼。什么扯旗鱼、灯笼鱼、鳗龙、青苔鼠等，好不热闹。下班回到家，打开大门，立马看见一群小鱼生动、活泼地游来游去，生机勃勃的景象扑面而来。

对于养鱼，其实我们也不专业，曾经购买一个小鱼缸，养过很长一段时间，儿子还特意购买了一些书籍来学习养鱼诀窍。但是因为孩子只是感兴趣而已，而且他中学读的是寄宿学校，管理鱼的时间是非常有限的，最终养鱼就成了老婆的负担。随着时间的不断推移，她终于没有了耐心，小鱼缸也被抛至一边。

不养鱼，总是感觉缺少了一点乐趣，我们就开始养花。君子兰漂亮、桂花树飘香、岭茶花妩媚，我们都养过，可惜终究不长久，随着鲜花的不断"被糟蹋"，我们内心也有点颓丧，同时也责怪起花的娇贵来。

"锦上添花"是与仙人掌同属的，应该好养，我们就购买了一盆，每到冬季，寒冷到来时，满盆的花怒放其间，给室内增添了暖暖的氛围，也让我们心花怒放。可惜，几年下来，因为疏于管理，花也逐渐衰败，直至死去，这让我心痛不已。

春节回家，孩子舅舅挖地时拾到两只小甲鱼送与了孩子，孩子欢天喜地，并保证要好好养护。可是，小甲鱼喜欢吃虾米，换水是件麻烦事，尤其是大热天气，满盆腥臭，谁都不太愿意换水，丢之阳台一角，几年后，小甲鱼也生病而去。

那就养狗吧，小狗很通人性，又讨人喜欢。这个提议一出，立即遭到反对，小狗虽好，可是哪里能做狗舍？狗屎、狗毛、狗臭，你受得了吗？这样一说，全家默然无声，只好作罢。

其实养花也好，养鱼也罢，如果只考虑自己的感受，不考虑花儿们、鱼儿们的感受是不够的。光有爱，而爱得不够深切，爱得不够长久，又缺乏爱的技巧，那么做什么事都是不能成功的。

教师假期心理

暑假是令所有非从事教育行业的人羡慕的假期。在他们看来，暑假可以很好地休息，可以很好地与家人相处，可以做很多有意义的事情。是的，就是这个有意义，搞晕了我们"人类灵魂的工程师"。

怎么样才算有意义呢？还没有放假，很多教师就已经在规划了。平时忙惯了的教师，突然有了令人羡慕的假期，首先想到的是在家好好休息。睡懒觉那是免不了的。可是，一个星期不到，你就会发现厌倦了，这好像没有什么"意义"。那干什么去呢？

"读万卷书，行万里路。"那就去旅行吧，在旅行中放松自己，增长见识，那该多有意义啊，想想就令人激动。于是，走下讲台，很多年轻人就背起行囊，开始了旅行生活。不过，这个旅行在我看来，又有什么不对劲。既没有读万卷书，也没有自己行走万里路，走路一事交给了汽车、飞机代替，那就失去了很多步行的体悟。看景点、尝美食是人间一大美事，不过旅途毕竟不尽如人意，其中的艰辛和懊恼不断折磨着自己。作家周国平说："旅游，其实就是从自己活腻的地方，到别人活腻的地方去看看。"看完以后总是有点后悔不该来，更何况终究还是要回家的。

旅行，最大的收获感悟是，平时看起来不怎样的一个家，回来后竟然感觉那么的温馨。正所谓"在家千日好，出门一日难"，回到家，一颗躁动的心终于可以平静几天。可惜，好景不会太长，几天后又开始躁动，开始在朋友圈查看，谁又去哪儿了，谁又吃了什么美食。再度出发，估计很多人都会承受不了，只好想想过去的经历。

在家又能干什么呢？做美食，不过，做不了几次，就会厌倦，吃多了害怕发胖。看书吧，多点学习。可是，请问诸君，泱泱中华大国，有几个教师能在暑假安心读书？呜呼！

做家教？唉，这不就把暑假葬送了吗？更何况教育部门三令五申不能做家教，还是作罢吧。游泳、打球、会友、看电影、陪伴孩子等，能做的挨个做一遍。

梦还没有醒，暑假就结束了，又该开学了。平时忙碌的人，一旦空闲下来，即使少了很多杂事，心也很难得到安静。

暑假结束，开始猛然醒悟，该盘点"有意义"的事情了。可是想想，哪件事"有意义"？竟然无从想起。"人的每一种身份都是一种自我绑架，唯有失去是通向自由之途。"教师的假期与"有意义"绑架，与朋友、与家人绑架。

开学了，你会发现，教师中的少数人似乎又多了很多成果，什么论文发表、专著出版。有点懊恼，还有点悔恨，怎么这茬又忘记了呢？开始努力吧。周而复始，何时才真正有意义？

教师假期心理，值得研究与关注。教师的"假期真空"换来的是什么？

如此推理

生活中，有很多东西看起来是亘古不变的真理，但是经人推敲后，发现还真不是那么一回事。

前几天看《读者》，里面讲到一个人，一言难尽的"哲学动物"——金岳霖。金岳霖十几岁的时候，觉得中国俗语"金钱如粪土，朋友值千金"有问题。对于这句很多人无论如何都不会去质疑的俗语，金岳霖却看出问题来了。他说，如果把这两句话作为前提，得出的逻辑结论应该是"朋友如粪土"，因为既然金钱如粪土，朋友值千金，那么归根结底，朋友也是粪土。细细一想，还真是有道理。

这个推理是敢于挑战权威，或者说是敢于挑战"公理"的。

在网上看过小朋友给出的一个推理，小朋友问妈妈："妈妈，生的自来水不能喝，对吧？"妈妈肯定地说："对，乖孩子。"孩子又问："苹果没有洗不能吃，对吧？"妈妈又肯定地说："是的。"孩子继续发问："那么，为什么用生的自来水洗的苹果可以吃呢？"妈妈顿时无言以对。

这个质疑式的推理，打破了我们的日常认知，有点像牛顿的"苹果为什么会往下掉"，在有些人看来是无聊之问。但是，稚嫩的声音却发出了具有冲击力的质疑。

中国的语言文字也很有意思。有一次，我们去参加培训，培训班的同学们都责怪班长没有跟领导沟通好，导致我们对不少事情不满意。我为此调侃大家说："沟是沟了，但是没有通。"话一说完，大家都笑了。我突然觉得，生活中这种望文生义的解读与推理其实有许多。

但有时候，望文生义的推理却是谬误。记得哥哥准备结婚的时候，家里人商量着要做家具，其中要做一张"高低床"，我一听就急了，说："高低床能睡吗？一头高，一头低，被子不会滑下来吗？"全家人一听，都被我的话笑晕了。

紧接着，我又想到了中国汉字的组合，同样让人回味。

劣，因为"少"用"力"，所以劣；恩，上面是"因"，下面是"心"，只"因"有一颗善"心"，所以懂得感"恩"；品，一口，一口，再一口，慢慢尝试，才能知道其中甘味；使，"人"一旦做了"吏"，就爱使唤别人；训，总是教训别人，往往信口开河。

想想这些，发现真的很有意思。你有受到启发吗？那就继续推理吧。

簸箕粄

春节驾车回家，午餐点到了家乡武平，但是我没有预约亲人、朋友，而是听取了老婆、孩子的建议，去吃簸箕粄。

高速公路口出服务区，寻一家勤快人家小店，还未坐稳，已经朗声叫上一句："老板，簸箕粄。"老板应声而来，不久，白软、香嫩、爽滑的簸箕粄端了上来，拌上葱油，送进嘴里，一股久违的惬意涌上心头。老婆、孩子在津津有味地品尝着簸箕粄，而我却多了一份遐思，在家乡生活、工作的场景也如放电影般飞掠而过……

"鸭嫲脚"汤上来了，一股香草味扑鼻而来，仔细一看，略感失望，"鸭嫲脚"草只是"高脚"的，已经很难寻到当年的"矮脚""鸭嫲脚"草了，那股特有的香草味便大打折扣。不过，尽管如此，我们依然兴致勃勃，连没在家乡长大的儿子也连声赞叹"好吃"。

一句"好吃"让我发自内心的高兴。儿子已经慢慢喜欢上家乡的小吃了，除了簸箕粄，还有"薯包子""仙人冻""牛筋丸"……由喜欢家乡小吃开始，儿子逐渐喜欢回家，喜欢回到家乡跟亲人团聚的那种感觉。这种由美食传递的文化是多么的亲切、自然。

"食饱了！"儿子用客家话与我们交流，自此我便知道，儿子也逐渐融入家乡了，我不再说话，满心喜悦地赶回自己的小家，与亲人团聚。

"簸箕粄"是一种家乡小吃，但是它牵动了多少外出乡人的心。而由美食传递的一种文化，无须多言，只需用心品味，便能溢满心胸。那是家乡的温馨，母亲的呼唤，爱国、爱家教育何须大话连篇？吃一次"簸箕粄"足矣。

第七节　自传式教育叙事研究案例（六）
——童年趣事

看电影

假期得空，上网搜寻电影，几千部电影随我挑选，却让我无从下手。凭感觉选看了一部，没有找到内心的共鸣。相反，倒是勾起了小时候看电影的记忆，于是坐下来慢慢回忆。

家住小山村，看电影是一种很奢侈的行为，放映队一年难得有几次到我们生产队，有时队长刚好不在家，他们就不在我们的村庄放映，有时生产队长为了省钱，就干脆不放。

记忆中，最早看过的一部电影应该是《卖花姑娘》，就在大伯的院子里面放映。那时我们光顾着兴奋了，却没有记得多少故事情节，似乎有一个"孩子被坏人用开水烫"的情节，很恐怖，我们干脆就不看了。

后来有部电影叫作《渡江侦察记》，听说好看极了，我"死缠烂磨"着六姐、七姐带我去大队部观看，还信誓旦旦地说："绝不睡觉，自己走路回家。"可惜，近4千米山路的折腾和过度的兴奋，在电影播放不到一半时，我就睡着了。两个姐姐轮流背我回家，把她们累坏了，或许她们还狠狠地骂了我一顿，只是因为我睡着了，剩下两个姐姐感到无奈。从此，我就没有机会与姐姐们跋山涉水地去邻村看电影了，直到长大。

记忆中，放映队中的一个负责人叫秋生，是我二哥的战友，退伍回来，他选择住在我家。这让我有了得天独厚的机会，提前知道了电影的名称和一些情节，还能享受到坐在放映机旁边观看的"高级待遇"。这让很多小伙伴羡慕不已，他们都早早地聚在我家，好占点儿先机。记得有一次，秋生哥让我帮忙传递放映的片子，那片子很沉，但我感觉那是莫大的荣幸。小伙伴们围着我问了很多问题，我感觉幸福极了，却说不出让大家兴奋的事情来，颇让他们失望。

稍大一点时，母亲允许我自己与同伴们去看电影了。我们忙着相互招呼，就着松枝火把跋山涉水，一部旧片《渡江侦察记》也让我们追逐了三个村庄，直到每个情节都烂熟于心，回来经常在一起分享有趣的桥段。几个男孩还自制木头手枪、大刀、红缨枪，扮演剧中的人物演戏。

电影好看，歌曲好听吗？上小学三年级的时候，我们才感觉到歌曲的真正存在。《洪湖赤卫队》的电影插曲让我们痴迷了很久，上学路上、放牛的山坡上我们都扯开嗓门喊，母亲还表扬我们"唱得好"，我们就在这样的"喊歌"声中一路走来、一路成长。后来去师范读书以后才知道怎样才叫唱歌，我们那是"唱歌走调，好像狗叫"。

电影看了不少，但是细细梳理，其实也只有那十几部，如《渡江侦察记》《上甘岭》《洪湖赤卫队》《地道战》《地雷战》等，但是这已经足够让我们痴迷了。在大山深处，我们不再迷茫，电影好像是村口那连绵不绝的群山中撕出的一个"豁口"，让我们看到了山以外的世界，由此我们想到了很多很多……

电影，让我们那一代人的成长更加丰盈。适合的、打动一代人的，才是最好的教育素材。

连环画

连环画，又叫"小人书"，它陪我成长，直至成人，至今让我记忆深刻。

不记得是什么时候第一次看到连环画了。但是在我的记忆里，富仔舅舅家的连环画让我印象最深刻。

舅舅家在江西，我家在福建，要去舅舅家，就必须走很远很远的山路，翻山又越岭，越岭又翻山，再经过一条狭长的溪边山路才能到，大约有30千米的山路。在水口边上，是我联华生舅舅的家，他家比我家更穷，穷得让我心酸；富仔舅舅家就不一样了，在我看来，他家不但富裕，而且有连环画，再加上富仔舅舅慈祥、温和，让我经常想"赖在"他家，久久不愿离去。

连环画是必看的，和表哥、表弟坐在小板凳上，津津有味地看。表哥、表弟虽然已经看过几遍，但他们还是很乐意跟我一起看，且不时提醒我精彩之处，甚至是手舞足蹈地表演。有时看完连环画后，我们还会模仿画中的样子表演。

上小学三年级了，我开始到校本部读书。最让我高兴的是，我的数学老师刚刚高中毕业，回家当教师，而他有一套完整的《三国演义》连环画，据说有48本，每天的课间、中午，我们都围着数学老师，讨要连环画看。在我看来，数学老师有点不好说话，只有学习好的、上课积极的同学才可以看，有时不知道自己究竟做错什么了，就是轮不上看，只好站在远处偷偷瞟几眼。在那个年代，《三国演义》是何等精彩啊，至今还记得其中许多精彩的地方，如《桃园三结义》《马跃檀溪》《长坂坡》等。连环画中那些英姿飒爽的英雄人物呼之欲出，关羽、张飞、赵云，甚至连老当益壮的黄忠也让我们佩服得五体投地。课后，我们谈论的都是《三国演义》当中的情节，同学们还会回家自制大刀、长矛、宝剑，到学校一番"厮杀"，好不热闹。

那个年代，谁拥有连环画，谁就拥有很多粉丝，因为大家都会围着连环

第四章 自传式教育叙事研究

4

画的主人讨要阅读。记得有一次，我跟母亲去赶集，供销社的柜子里摆放了连环画——《将相和》，我死皮赖脸、信誓旦旦，不知道跟母亲说了多少好话、做了多少保证，她才给我买了人生中第一本连环画。1角5分钱，母亲心疼了好久，我却在同学和小伙伴们面前风光了好久，廉颇、蔺相如就是那个时候认识的。

因为连环画，我开始多了一个心眼，谁家有连环画，我就想方设法跟他们"套近乎"；亲戚家有连环画的，我就更愿意去做客。记得有一年正月初二，我从大伯那里得知，有个多年没有人去"迎客"的姑妈家也有连环画，我便主动邀请堂哥到她家去。可惜刚到的那天下午就下起了鹅毛大雪，我们在这个姑妈家整整住到正月初五，天才放晴，她家里仅有的三本连环画被我们翻看得都掉页了，可我们还在看。

就因为连环画，我还免费帮人打"短工"，偷偷地……

连环画，让我有了一个又一个美好的梦想，它陪我成长，直至长大。

做　客

小时候，做客是一件非常惬意的事。特别是去自己没有去过的地方，既可以享用到在家享用不到的美食，又可以开阔眼界。

去得最远、印象最深刻的应该是舅舅家了。舅舅家在江西赣州的一个山村，离我们福建老家很远，大约有30千米，翻山又越岭，跋山还涉水，走得没有耐心了，还要走。最后走过长长的溪边小路，才算到了舅舅家。

舅舅联华生就住在小溪的水口，那里风景优美，舅舅家却贫穷得让我心疼。表哥、表姐、表弟、表妹五六个，像一群欢快的小鸟，叽叽喳喳地欢迎我和老妈。记得有一次，我们去舅舅家做客，舅舅实在拿不出什么好吃的来招待我们，就向邻居借了两升糯米准备做糍粑。可是糯米蒸好后，放在院子里的时候被一群猪拱翻了，糯米饭瞬间沾满泥巴、沙石，猪被一顿打，嗷嗷直叫，我的心很难受。

我家穷，联华生舅舅家比我家更穷，这个认知至今仍让我心酸……

亲舅舅就只有联华生一个。但是其他堂舅舅也一点不生疏，感觉他们对我特别亲切。最喜欢去的是富仔舅舅家，他也不算太富裕，但最重要的是他家里有不少"小人书"，这让我非常痴迷。走过摇摇晃晃的木桥，就到了富仔舅舅家，舅舅永远是笑着的，用眯成一条缝的眼睛看着我们，让我瞬间有了见到最可爱的亲人的感觉。还没有坐定，我就直扑"小人书"，"小人书"让我寸步难移，搞得母亲经常哭笑不得。

去全谷舅舅家，颇感神秘。印象中，他家永远住在楼上的感觉，现在回想起来，不知道他家楼下谁在住。这家的舅妈对我似乎比谁都热情，镶着金牙的舅妈永远笑声朗朗，如她家供奉的菩萨一样慈祥、神秘。说她神秘，是源于她家曾经找到一个储存铜钱的古窖，有好多好多铜钱，我们也分得几个。舅妈绘声绘色地、悄悄地告诉我妈，她是如何被托梦，如何寻找到这个古窖的。我在一旁听得大气都不敢出：世间竟有这等奇事，而且就发生在我的亲人身上？要不是亲耳听闻，我还真不敢相信。那几年，舅舅家确实宽裕了一些，可惜因为没有经营好，至今仍然贫穷。

走过全谷舅舅家，就是我小时候见过的最大河流——河头河，两条小溪在那儿汇合，成浩浩荡荡之势，哗哗作响，一直向前。

河头河那边住着另一个舅舅——哑巴舅舅。哑巴舅舅见我们来了，只是眯眯笑，并不说话。大表哥是当兵退伍回来的，头脑灵活，在当地颇有声望，且家境富裕，我们在这个舅舅家经常能够美餐一顿，有种到了"土豪家"的感觉。在这里，妈妈不再限制我吃什么、吃多少。长着络腮胡子的表哥看上去似乎有点威严，但却并不生分，有时会跟我们开玩笑，让我颇有些敬佩之情。

去得最多的当然是大姐家，她家离得不远，去的时候一直是下坡，回家的时候一直是上坡。妈妈开玩笑说，在大姐家吃多了，回家的路上正好可以让我这个"小坏蛋"消消食。在姐姐家吃得好，帮忙做的活也不少，可惜，她家没有"小人书"，没有与我差不多大的小伙伴。我在外甥面前扮演的是长辈角色，经常是小保姆式的舅舅。不过"小保姆式的舅舅"与外甥们建立起了坚实的感情。

最不愿意去的是一个姑姑家，我和堂哥正月初二都不愿意去接她回娘家。因为她"小气"，有一年正月初二去接她时，每人只分得两个"二踢脚"炮仗……

如今，作客他乡的我，想起小时候的做客，虽两腿艰辛，却满心欢喜。而现在的我们开车做客，已然没有了当年的感觉。

做客，是我人生成长之路上的一次次短暂旅行。

斗 牛

我所说的斗牛，并非西班牙式的斗牛，而是我小时候玩的一种游戏。

在冬日的假期里，我们没有事情可做的时候，就会聚集在暖和而没有风的地方晒太阳。我家房屋的西侧，就是一个很理想的晒太阳的地方。

吃过午饭，大约下午1点，我们先后聚集在那儿。大人们忙着在太阳底下纳鞋底、织毛衣，而我们自有玩耍的一套。

记得那里有许多姐姐割回来的乌箕草，一种用来生火做饭的蕨类植物，成垛成垛地摞在那儿，那里成了我们游戏的好场所。

我们从中寻找最大的乌箕草，找到有分叉的地方，去掉其中一边的枝叶，留下一个钩钩，两人就可以开始斗牛了。两个钩钩勾在一起，然后用力拉扯，看看谁的钩钩更耐久，谁的钩钩被掰掉了。输的一方继续寻找更厉害的钩钩，然后继续奋战。再厉害的钩钩也经不住大家的拉扯，输掉的又去寻找更大、更有韧性的钩钩，如此循环往复，大家乐此不疲。

正当大家忙得不可开交的时候，堂哥找到了一个"无敌将军"，他那个看起来像乌箕，但是仔细看又好像不是，不知道是什么东西。大家只好硬着头皮去应战，结果都败下阵来。姐姐看了，干脆找了一根灌木树枝，做成一个

"巨无霸"，堂哥的"无敌将军"瞬间败下阵来。这下，大家乱了阵脚，有去寻找竹枝的，而我干脆把家里的铁钩拿出来，大家笑了，游戏只好到此结束。

任何游戏，如果违反了一定的规则或者超出了一定的界限，就不再有意义了。

第八节 自传式教育叙事研究案例（七）
——教育启迪

两个红鸭蛋

鸭蛋，意味着什么？在不同人的眼中有不同的解释。可能很多人会想，是不是谁考试得了两个0分，吃了两个"零鸭蛋"？你猜对了一些，是关于学习的，但是正好相反。这是母亲留给我的关于读书的记忆。

小时候，我们新学期开学时，农村都有一个习俗，会将两个鸭蛋放在水里煮熟了，然后找点红色的东西，如春联的一角，把鸭蛋染红，给刚刚上学的孩子吃。这表达了父母对孩子的一种期望，期望孩子在学校的考试中能获得100分。

开始我们很好奇，也正好解馋，吃着新鲜出炉的鸭蛋，美滋滋的。但是不知道从什么时候起，这种习俗成为我们相互取笑的一个话题。可能是哪个同学考试刚好得了0分，形似鸭蛋，因此我们拒绝吃红鸭蛋。母亲拗不过我，就把蛋敲开，放在碗里蒸好，再放点白糖或者红糖，可诱人了，在20世纪70年代末白糖或者红糖都是稀罕物，我就不顾面子偷偷吃了。这样偷偷吃的美食一直伴我到小学毕业，当然还包括妈妈在一旁喋喋不休的祈愿。

上初中了，母亲改良了鸭蛋的煮法——煎荷包蛋。我知道，100分可没那么容易考，吃鸭蛋倒是挺轻松的，更何况既不是水煮鸭蛋，也不是水蒸鸭蛋，而是荷包蛋，先吃了再说。这样，荷包蛋又伴我度过初中三年，直到考上师范学校。

去师范学校上学的时候，妈妈还是固执地要我吃荷包蛋，并且在我的挎包里装了好多个水煮鸭蛋，当然是红色的。三哥送我到县城，晚上的时候，我们没什么好吃的，于是把红鸭蛋当饭吃了。吃完后我望着挎包，有点怅然若失的感觉，知道自己开始要远离母亲了。

为人父后，儿子慢慢长大，要上小学了，我突然想起母亲给我煮的红鸭蛋，就开玩笑地说："要不我们也给儿子煮两个红鸭蛋。"老婆望着我，不屑地笑了，我也就作罢。

儿子是在我任教的学校读小学的，我们住在学校宿舍，上学对我们来说好像还是在家里，在家里也好像是在上学，所以没太在意孩子的小学阶段。上初中后，孩子开始读寄宿学校，我们把他的两个旅行包塞得满满的，牛奶、苹果、零食，但是我总感觉少了些什么。老婆喜欢絮絮叨叨，但不知道儿子听进去多少。我是一个大男人，又不知道该说些什么话才合适。要说的话总是那么几句，孩子也懂，你还说吗？孩子的包裹满满的，我竟然感觉到无以馈赠。

这是一种精神的缺失，我开始怀念母亲的红鸭蛋了。其实红鸭蛋承载了母亲的很多期望，那种悠长悠长的殷切祈愿，每一次，很多次，不断重复，又有创新……

小小红鸭蛋，勾起了我很多的思索。改革开放以后，我们的很多传统也正在丢失，丢失了很多传统，又用什么来弥补？难道是西方的"圣诞节""情人节"？

端午节快到了，我们不应仅仅吃一顿团圆饭吧？包粽子、采百草、插艾叶、赛龙舟，这承载了我们多少丰富的精神内涵！教育，不靠平时点点滴滴的累积，难道都让给空洞的说教？好的传统不能丢，有效的形式要创造，教育必须去预设，必须去经营，而不是靠简单的说教。

理想没有了，信仰没有了，目标没有了，就剩下目的了。如果是这样，这个社会是很可怕的，我们总要给孩子们一些充盈内心的东西吧！

4

怀念红鸭蛋，更怀念我的母亲！

一个孩子的风景

这是个风雨交加的早晨，我感动于"莞外"的家长志愿者们依然坚持到岗。但是中午时分的一幕，让我更加感动，这是一个人的风景，一个孩子的风景。

因为要值日，中午吃饭时分，我提前两分钟去食堂。走在学校的风雨长道上，我突然听见背后传来"扑嚓""扑嚓"的声音，扭头一看，一个低年级的小女孩正朝我走来。她的身板挺得笔直，两只小手做着标准的前后摆动动作，小手和裤子就发出"扑嚓、扑嚓"的摩擦声。我很好奇地停下来问她："小朋友，你去干什么？""我去吃饭。""你为什么一个人呢？""因为我今天要值日。""哦，所以，你提前去食堂，对吧？"小女孩听了，使劲点头。看着她认真的样子，我及时表扬了孩子，孩子听完后，快步向前，又做着刚才"军人"的动作。我感动于孩子的这种举动，立马掏出手机在背后拍了两张照片。

孩子的举动，让我想到小时候读过的一篇课文——《诺言》。课文说的是一群孩子玩"打仗"的游戏，一个孩子奉命看守"军火库"，承诺如果没有人替换的话，就不能擅自离岗。但是，孩子们玩游戏玩太久了，忘记了这件事，都各自回家了，留下小男孩还在夜幕中坚守、哭泣。"我"发现后，劝孩子回家，但是孩子执意不肯，因为没有接到"上级命令"，不能擅自离岗。

文章中接着写道："我刚要拊掌大笑，却猛然醒悟过来：这里绝没有什么可笑的东西，小男孩做得完全正确。既然许下了诺言，那就应该站下去——不管发生什么事，哪怕天崩地裂。至于这是不是玩游戏——都无关紧要。"

最后"我"只好找了一个真正拥有少校军衔的军人，才把"中士军衔"的孩子"命令"回家。

孩子对于诺言的铁定承诺，对于"岗位的坚守"，感动了作者，也感动了许多人。

也许，今天我看到的小女孩也是对于教师、对于班主任的一种承诺吧。"走路要有精神，值日要及时到岗，要认真负责……"纯洁的内心是一种虔诚的坚持，不容许玷污，不容许笑话。

一个孩子的风景，是纯洁的，是窗明几净的，是万里无云的，是碧波万顷的……这是圣洁的天使带给我们的独特风景。老师，你读懂了吗？

不做神父，做个牧师

"新时代，我们应该做一个怎样的教师？"这是广东外语职业艺术学院金一强教授在东莞市王金发名教师工作室开班仪式上给出的一个思考命题。

他说："现代的教师，要做一个完整的人，既要做好工作，又要学会生活。做好工作，其实是生活的重要部分，而学会生活可以更好地工作。"接着他以"神父"与"牧师"的区别进一步诠释了这个命题："神父一辈子是不能结婚的，牧师可以结婚。从某种意义上说，神父不能说是一个完整的人。"一个不完整的人，很难想象他的幸福在哪里。新时代的教师，应该是既懂得教书育人又知道幸福生活的人。只有人格健全的教师，才能更好地培养出全面发展的学生。

"不做神父，做个牧师。"这使我想到我们教师的角色定位，我们要从神坛上走下来，首先就应该颠覆对教师角色的传统定位。

古今中外，几千年来，人们都把教师的职业看成伟大的事业，是"太阳底下最光辉的事业"。把教师比作春蚕，吐丝奉献直到生命最后一刻；比作蜡烛，燃烧自己照亮别人；比作园丁，辛勤浇灌让花草树木苗壮成长。这些比喻如一个个光环笼罩在教师的头上，很少有教师会提出质疑。其实这些比喻都有失偏颇，也引导着许多教师对自己的职业产生误解。

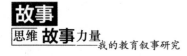

现象一：认为教师在"辛辛苦苦""兢兢业业""呕心沥血"地为孩子们的成长默默奉献，孩子们就应该好好学习，听教师的话。而一旦学生有了"叛逆"行为、"出轨"行为，教师就感觉自己的"崇高劳动"受到了挑衅，以致产生生气骂学生，甚至体罚、出手打学生等过激行为，教师在心理上产生了极度不平衡的现象。

现象二：由于教师是"春蚕"，是"蜡烛"，所以理所当然要讲奉献而不计报酬，于是教师也就默认了这一角色，任劳任怨、不知疲倦。另一些"有着一点自己的理解"的教师，开始时既奉献又埋怨，但是随着教师工作年限的增加，许多教师的敬业精神也得到更深刻的历练，奉献精神与日俱增，全身心投入，全然不顾自己，时间长了，许多教师面色蜡黄、"未老先衰"，时有教师"晕倒在讲台"，甚至中年离世，令人扼腕。

上面这些对教师角色的曲解也衍生出新时代的误区，一些现代青年教师不满这种理解，推翻了老一辈教师的做法，走向了另一种极端，把教师职业当成了谋生、赚钱的一种途径，但是市场经济的冲击又让许多教师在对比中失去心理平衡。同时现代生活的快节奏、高压力，让教师整天忙于"奔命"，教师群体普遍出现了职业倦怠，工作中教师的"生命体"被严重忽略和遗忘。

两者取其一，真耽误了"百年大计的教育"！

没有出路，我们就要寻求出路。如果我们再次搜索教师的职业定位，就会发现，伟大的教育家孔子提出的"教学相长"这一光辉思想，其实就是要求我们教师既奉献又成长，在学生的成长过程中找到自身的成长，与学生共同成长，只有这样，教育才有可持续发展的可能。

走下神坛，走出神秘的光圈，有了共同的成长，教育才会焕发出人性的光辉。以上的追溯与思辨，也让我们对教师职业有了一个新的认识：教师职业生涯规划。规划自己的教育生涯，让我们在陪伴学生不断成长的过程中也实现自我成长，铸就新时代教师的新形象，推动教育健康发展。

1.教师职业朴素定位

其实教师就是教师，教师有自己的职业规范、职业特点，教师只要对照自己的职业道德规范，认真工作，真实做人，就是对教师职业的最好诠释。教师的职业定位还是朴素点好、真实点好，这样才有利于我们走下"神坛"，找到自我、发现自我、成就自我。

2."奉献"与"成长"共生

作为教师，奉献精神一定要有，其实这也是每一个职业都必须具备的要素之一，我们要讲奉献，但是在奉献的同时也要实现双赢。即新时期的教师要学会职业生涯规划，制定既有宏观的又有微观的，既有长远的又有近期的工作目标、人生定位、生涯规划，明晰"教书育人，共同成长"的意识，在学生的成长中实现教师的专业成长，打造新时期教师的新形象。

3."生命课堂"，快乐成长

摒弃"职业谋生"的想法，把教书育人当成自己生命中的重要组成部分，把课堂看成师生共同成长的乐园，精心设计每一堂课，上好每一节课，快乐每一分钟，这样就能感受到教育其实是一种享受，一种双向的享受，一种心智交流的享受，一种其他职业无法比拟的享受。

"不做神父，做个牧师"，这是一句朴实而富有哲理思辨的发声。

草坪上的搭石

新修建的教学楼是那么漂亮，那么惹人眼，可是在通往教学楼的草坪上却多出了一条路，"走的人多了，也便成了路"。孩子们践行了鲁迅先生的话，却惹火了校长和总务主任。

主任把级长找去训话："你为什么不教育孩子爱护花草呢？明明有一条大路通往教学楼，为什么他们就要从草坪上踩过去？"大路的确有一条，但是绕远了，本来的近路因为要美化，被修成了一块草坪。级长心知肚明，但是也不能说。回去后把各班班主任找了去，好一顿说教。班主任又有什么办法呢？回到教室好一顿臭骂，还立了规矩，说谁再从草坪上踩过去，就扣谁的目标分。正应了农村一句话："斧头打凿，凿打脑。"

这架势够凶的，三番五次的教育，似乎令草坪上的小路恢复了生机。但是正当大家逐渐忘却这件事的时候，小路又形成了，而且弯弯曲曲，似乎还开辟出了一些新领地。

没有耐心的领导们这才开始静下心来反思自己：本来这里应该是一条路，但是考虑到校园绿化面积太小，这栋教学楼缺乏一点生机才种上草坪，可是学生们习惯不好，就是不愿意绕路，硬生生踩出一条路来，如何是好？总务主任最先说话："用竹篱笆围上。"大家想想也好，就围上了。可是好景不长，有一次，竹篱笆把孩子的裤子撕成两截，因为孩子们比赛跳高，跳过竹篱笆就胜利。人是过去了，可是裤子不争气。孩子挨了一顿骂不说，班级还被扣了分，好多人都郁闷了好一阵儿。

等竹篱笆旧了、断了，又有人说，种上一排蔷树。班主任有过教训，就站出来反对说："那不又是一个天然的跳高架子？"主任只好作罢。有人说，种带刺的玫瑰花，看谁还敢跳。还有人说干脆铲了草坪，多一条路不更省心。这时，有位老师不知道是否是受到"仙人点化"，说道："在草坪上铺上几列搭石，就让学生从搭石上走过草地，这不正好既有草地，又多出一条路来。"

这个方法被学校采纳了，果然，孩子们看到草地上多出了几列搭石，都很高兴，蹦蹦跳跳地走过草坪，走向教学楼。从此，草坪上的烦恼消失了。

有时，我在想，我们做事情时往往把简单的事情复杂化了。对于"草坪上踩出小路的问题"，我们只采取了"堵"的办法，却没有"疏导"，问题变复杂了。教师要善于"把复杂的事情简单化"，这才是智慧，领导者更应该如此。

儿子的秘密

随着孩子出生并逐渐长大，他开始有了自己的秘密，但是，记不大清楚是从什么时候开始的。

印象最深的是每天的午休时分，那是"老鼠出没"的时候，我能清楚地听到冰箱开关的声音，冰激凌、零食开始进入孩子的食谱。但是，孩子知道不能多吃，那是底线。我故意装作不知道，有时还惊讶地说："哇，冰激凌怎么没有啦？"孩子听了，便说："是我吃掉了。不过，不是我一个人吃掉的，你们也吃了。"我们笑了，孩子也笑了。

孩子喜欢养鱼、捞鱼，离家不远的旗峰公园门口有一个人工湖，水边经常会有一种叫"虾虎"的小鱼出现，孩子喜欢。我带着他去捕捉过几次，回家养在鱼缸里。可是，孩子还不满足，经常会在中午时分偷着去捕鱼，他知道这样很危险，怕被我们批评。我们知道后，就提醒孩子注意安全，并教给他注意事项。

听说"海洋宝宝"很可爱，孩子回家也说得很神往。但是我没有注意到他的真实意图，第二天，他带回来一瓶"海洋宝宝"，是用自己的零花钱买的，我们并不追究，假装不知道。"蚂蚁迷宫"是一个很有创意的玩具，我发现后，主动帮孩子网购了一个，这让孩子很高兴，也让孩子领会了家长的一些真实想法。

有一段时间，孩子喜欢我出差。因为这样，他就可以做自己喜欢做的事情，包括自己叫外卖，买点自己喜欢吃的东西。我对此并不介意，有时有朋友聚会，我就积极参加，故意给孩子多一点自由的空间。

孩子上网是令我们这代家长最为头痛的事情。我给他规定了上网时间，只要孩子遵守，周末就再多奖励30分钟。上网内容是否健康，我们就通过查看历史记录来检查，发现不健康的，及时纠正，其他的并不干涉。

读初中了，孩子慢慢有了一些青春期的心理和想法。"炫酷"有时也是一些小男生免不了的。我给孩子购买了一个MP4，让流行音乐正常走入孩子的生活，这是青春期成长的必备要素。元旦晚会结束后，孩子突然跟我们大谈学吉他的好处，我们知道其中的奥秘，并支持孩子去学习吉他。

初中早恋的现象是很普遍的。我们对此并不回避，与孩子一起谈论青春期的话题，美女、帅哥的标准等。因为我们之间没有秘密，令我们担心的事情反而没有出现。

房子装修好了，我主动提出要给孩子足够的空间，给他两个带锁的抽屉，并亲手把所有钥匙交给孩子，让他保有足够的秘密。我们也谨遵诺言，从不打听或者随意翻看孩子的秘密。这样，孩子的戒备心理反而越来越少，有时竟然自我"爆料"，说出我们不知道但内心又有点期待的事情。

回顾自己的成长历程，其实当中也有很多秘密，有些事情可能现在都难以启齿。但是，我认为这些都是一个人成长必要的经历。我们的父母没有文化，也没有时间监管我们，包括对我们学习的监管，这样反而给了我们足够的成长空间。

足够的成长空间，是孩子成长的必要元素，是教育的真谛。

盐巴最甜

小时候，有人问我：世界上什么东西最甜？我回答说："蜂蜜。"那人却告诉我："盐巴最甜。"盐巴明明是最咸的东西，他却告诉我盐巴最甜，我当然对他的回答嗤之以鼻。

长大以后，为人夫，为人父，经常下厨，炒菜、煲汤，这时我才真正体会到了"盐巴最甜"的道理。因为有了盐，我们品尝到了世间各种各样食物的美味、鲜味。试想一下，如果我们把糖放进菜肴，你会感觉到什么？只有糖的味道，没几天，就腻烦了，而因为有了盐巴，保持和凸显了各种食材独有的鲜味，使我们常吃却不厌不烦，哪一天感觉厌烦了，那人就差不多要远去了。

有时，经常看到而感觉不到存在的东西，往往是最珍贵的、最有价值的。

从教三十几年，对于教育的理解，我有了许多感悟。

刚参加工作的时候，我认为智慧最重要。于是，我在教育教学过程中不断锤炼自己的思维和教学智慧，也在教学中启发学生不断思考。

后来，在长期的教学成长过程中，我发现"坚持"更重要，它能让你所做的事情越来越接近成功，所以我在自己的专著《玩转数学智慧乐园》的扉页上写下这样一句话："坚信坚持是一种大智慧。"新东方总裁俞敏洪先生说过这样一句话："在坚持的过程中，渐渐发现了目标，价值也在不经意间随着岁月的流逝而增加。"我认为，教育的智慧还在于对自己这份职业的坚守、坚持，坚持研究，教师的专业就一定能有所成长进步。

前段时间，我去天津师范大学参加一线优秀教师培训——国培。在培训过程中，我们聆听了许多专家、教授、一线优秀教师的讲座。在不断听取报告的过程中，我又收获了一份新的认知，原来"小的是教育技巧，大的是教育情怀"。只有具备教育情怀的教师，才会有一份执着，一份不离不弃的坚持，才会在教育大道上越走越远、越走越宽。下面先分享一个小故事。

案例：生命中的大石块

一位管理专家为一群商学院的学生讲课。"我们来做个小测验。"专家拿出一个一加仑的广口瓶放在桌上。随后，他取出一堆拳头大小的石块，把它们一块块地放进瓶子里，直到石块高出瓶口再也放不下。他问："瓶子满了吗？"所有的学生都回答："满了。"他反问："真的？"说着他从桌下取出一桶砾石，倒了一些进去，并敲击玻璃壁使砾石填满石块间的间隙。"现在瓶子满了吗？"这一次学生有些明白了，"可能还没有。"一位学生说道。"很好！"他又从桌下拿出一桶沙子，把它慢慢倒进玻璃瓶里。沙子填满了石块的所有间隙。他又一次问学生："瓶子满了吗？""没满！"学生们大声说。然后，专家拿过一壶水倒进玻璃瓶，直到水面与瓶口齐平。他望着学生："这个例子说明了什么？"

一个学生举手发言："它告诉我们：无论你的时间表多么紧凑，如果你真的再加把劲儿，你还可以干更多的事。"

"不。"专家说，"那还不是它的寓意所在。这个例子告诉我们，如果你不先把大石块放进瓶子里，那么你就再也无法把它们放进去了。那么，什么是你生命中的'大石块'呢？你的信仰、学识、梦想？或是和我一样，传道授业

解惑？切切记得先去处理这些'大石块'，否则你会终身错过它们。"

有了理想，有了对教育不舍不弃的情怀，我们才能容纳、接纳教育过程中的不满、不足、不幸、不爱、不解，才会迸发出更多的思维火花。

"盐巴最甜，情怀最帅"，有了教育情怀，才会有教育的大智慧。

第九节　自传式教育叙事研究案例（八）
——研修心得

"傻教师"的境界

就聪明与否，或傻与不傻而言，教师的境界大致可以分为三种："不笨自认为聪明的，不傻在学聪明的，聪明但经常装傻的。"哪个好？俗话说，傻人有傻福，装傻的老师最有境界。

曾经在浙江宁波工作，时任副校长罗树庚给我们讲述过这样一件事："浙江江山某所学校，为了辅导学生参加奥数比赛，就找来一位退休老太太帮忙，老太太不紧不慢，时常还因为年岁大反应不过来。不过，她还真不急，时常还说，哎呀，奶奶脑子不中用了，快来帮帮奶奶吧！孩子一听，可真急了，个个主动寻找解决问题的办法，还像模像样地教奶奶。"这样的做法让所有人出乎意料，老太太辅导的奥数班成绩出奇地好，屡获全国奥数比赛大奖。

与广东省外语艺术职业学院教授梁祖菲副院长一起外出学习时，她与我分享了教育孩子的经验。孩子读小学的时候，她是不辅导孩子的，都让他自己想办法解决，上网、看书、问同学，目的就是培养孩子的自主性。当然，为了做好榜样示范作用，孩子在家做作业时，他们一家也绝不看电视，而是都在做自己的事情，写文章、看书等。等孩子作业做完了，才一起看看新闻、社会动态、时事评说等。与孩子一起外出，作为妈妈的院长，经常表示自己找不到地方，坐地铁有点迷茫，小小男子汉自然挺身而出，带着妈妈逛街、坐地铁，还告诉妈妈坐地铁不能太斯文，否则就挤不进去了。这是孩子亲身经历后才有的感受，在父母庇护下长大的孩子绝不会有这个感受。孩子自主性强，所以什么事情都有自己的主见，考上大学后更是如此。家长操心，永远闹心；家长放心，全家开心。院长最后概括说："家长示弱，孩子就强。"大树底下很难长出参天大树，也正是这个道理。当然，如果你是大树，就更应该让孩子离你远一点，给他们让出一片天地，让孩子自由成长。

做个"傻教师"，是一种高境界、大智慧，是大智若愚的表现。教学中，作为教师的你肯定懂得其中的道理，但是你不能急，要淡化自己，让自己站在旁边，时隐时现，引导孩子自己探究、自己发现、自己归纳，时间久了，这种温柔的坚持就会凸显大智慧。孩子能自主了，其内张力就会得到发展，那是一种由内而外的发展，是生命智慧的真正成长。

到南京市长江路小学参访，我们有幸听取了周卫东老师的一节课——《确定位置》，周老师的教学正好印证了我的想法。周老师的教学基于儿童，强调真实、尊重需要、重视对话、静待花开。他在讲座中说："顶着压力'装糊涂'，真难，但有时也真好！"这是一种什么智慧，是一种大智慧，是一种给学生腾出发展空间的大智慧。

听南京特级教师王九红老师的讲座时，他向我们介绍了苏格拉底的"产婆术"，他说："苏格拉底的产婆术的关键在于教师要佯装无知，然后通过学生请教，逐渐让他们自己生产出解决问题的办法来。教师对学生进行的请教，实质上就是为学生垫台阶和引方向。"教师是垫台阶的人，是不露痕迹的引路人。

"傻教师"的境界，其实是一种大智慧，成尚荣教授说："教师应该少点小技巧。"他的潜台词也就是，教师要多点大智慧。

最后，还是讲一则小故事吧，让我们深刻感受大智慧与小聪明之间的区别。

美国前总统威廉·哈里逊小时候家里很穷，他沉默寡言，人们甚至认为他是个傻孩子。他家乡的人常拿他开玩笑。

比如，拿一枚5分硬币和一枚1角的银币放在他面前，然后告诉他只准拿其中的一枚。每次，哈里逊都拿那枚5分的。

一次，一位妇女看他这样可怜，就问他："孩子，你难道真的不知道哪个更值钱吗？"哈里逊回答说："当然知道，夫人，可要是我拿了一枚1角的银币，他们就不会再把硬币摆在我面前了，那么，我连5分的也拿不到了。"

谁更聪明，我不说，你也懂的。

"装傻"是一种教育哲学，更是一种教育智慧。

教育真滋味，觉之教育[①]

对于全人教育的探寻与追求，已经一年有余。开始是研读谢安邦翻译的全人教育理论。只有电子版，阅读受限。冬季有幸到台湾地区学习，早闻台湾对全人教育理论与实践的探索。于是问询于大学、小学、社区，问询于教授、教师，甚至导游，似乎并没有得到好的答案。偶尔与朋友拜访台湾一位资深教师——林文宝先生，一位颇有见解和研究成果的大学退休教授。他看了我们的行程以后说，其实，全人教育理论与实践很好的学校似乎不在我们的参访行列。

20日早上，我们去参访一所佛教大学——华梵大学。大学在台湾的深山处——深坑。听着这个名字，我十分好奇。想着可以去空气清新的地方换换环境，真是一个不错的主意。汽车在山路间蜿蜒盘旋，在那山顶上可远眺，我们看到了华梵大学，简副校长、叶老师等热情地迎接在路旁。同时映入眼帘的还有美妙无比的校园，那些"会说话"的风景佳境。

我们迫不及待地来到高处，眺望远方，眺望远方的"101大楼"。"大学

---

① 此文2020年2月发表于《当代教育家》。

之道""白鸟步道""自然教室""牧牛地"……一栋栋楼，一处处风景，已经默默地告诉我们创建者——晓云大师的良苦用心，这些"会说话"的风景佳境与"觉之教育"融为一体。

在急迫的游览与体验中，我们进一步了解了"觉之教育"。"觉之教育"是融佛教智慧于教育中的绝佳典范。把静思、大智慧引入教育，这是何等的精妙，正好破解了教育的浮躁与功利。

华梵大学的创办者是一位广东籍的才女，她能诗会画，一生热衷于教育，于79岁高龄创办华梵大学。《三山行迹》一书记载了她打拼的艰辛与探索，我当即买下《三山行迹》，想借此拜见晓云大师，并求得真迹。遗憾的是，却得到了大师于12年前圆寂的回复。求见不得，我求索于"觉之教育"。

觉之教育，秉承佛陀教化的基本精神，融摄中华历代圣哲的教育思想。它的宗旨在于善导人心、开拓慧命、悲智双运、自觉觉他。这与人的发展是多么的吻合。而"自觉觉他"与台湾的教育核心素养"自发"、大陆的"自主"有着异曲同工之妙。而善导人心、开拓慧命、悲智双运、自觉觉他等的提出，不正是全人教育的思想？我苦苦追寻，原来就在眼前。"人生真滋味——玉白菜"，教育真滋味——"觉之教育"。

……

离别依依，与简副校长、叶老师握手、作揖，互道"后会有期"。

不折腾　真教育

——杭州文三街小学跟岗实践感悟

"江南忆，最忆是杭州。"

广东省"百千万人才培养工程名师培养对象"跟岗实践到杭州，又唤起我对浙江的美好记忆。2006年以前，我曾经在浙江宁波工作，更曾在西子湖畔逗留、游玩，美丽、妩媚、多变的西子湖，让我魂牵梦绕，而浙派名师的教学、教研能力更是让我折服。

跟岗实践的学校是久仰其名的杭州文三街小学。汽车绕弯拐进一个小胡同，出现了一所学校，正是仰慕已久的文三街小学。虽然不是太意外，但是仍然超出了我的想象——占地不过6亩（1亩≈666.67平方米），走进低矮、破旧的校门，学校几乎就一览无余了。保安得知我们的来意，便按部就班地给了我们参访证，紧接着一位帅气、阳光的年轻教师接待了我们，他就是文三教育集团总校的徐建忠副校长。心里的落差太大，虽然有着不太符合期待的心态，但还是开启了我的跟岗实践，不管愿意与否。

一、文三教育集团与文三街小学

学校虽然简陋，却在繁华的杭州西湖区，是马云及其追随者常出没的地方，是杭州"中关村"所在区域，这里云集了信息化时代的富商等权势人员，因此这里的学校自然成为瞩目的学校。文三教育集团顺应云时代要求，坚持"由点到线的集团办学"之路，从规模到内涵发展，短短十几年间，文三街小学扮演了"鸡生蛋、蛋生鸡"的角色，成就了紧密型教育共同体，逐步创建了嘉绿苑小学、文苑小学、文理小学、九莲小学。这些学校很快得到家长和社会的认同，特别是学校内涵管理的提升，吸引了国内外一大批学者、专家以及教育同行前来参观、学习。这些都是从徐建忠副校长的介绍中获得的，在我看来，它们并不能太吸引我，我关注的是学校是否有值得我们学习的东西，跟岗实践导师朱雪莲老师是否有"真经"值得我们借鉴。

中午时分，我们才正式见到实践导师，她面带微笑、真诚地欢迎我们，她就是文三街小学的校长。

二、课堂教学与文三街的孩子们

跟岗实践，听课是必不可少的环节，我们最初听取了林老师的一节六年级复习课"圆柱和圆锥体积"，林老师采取了微课复习的方法，可惜我迟到了一会儿，没有听全。紧接着是班级易错题征集和反馈。重要环节采取了平面图形旋转得到立体图形，然后沟通圆柱、圆锥之间的关系，设计了一系列教学问题。课堂容量比较大，但是大部分学生依然能比较自如地解答，令我们叹服。

下午，听取了一位年轻女教师的课，小姑娘美丽大方、教学得体。"找规律"一课，未经打磨，天然呈现，却能看到教者的用心和对教材理解的深度，不够完美，却是真实呈现，是学习状态的真实呈现，自主探究主题体现得也很明显。

此后，我们跟岗教师也执教了四节课。课前孩子们与教师虽只有短暂的交流，但教学互动却是顺畅的，孩子们是积极的，对于综合实践课"包装的学问""打电话"等的探究游刃有余，一种与孩子们真实的心智碰撞及久违的教学感悟油然而生。

这不由得让我想起刚到东莞的教学状态。两地学生对于学习的状态最直接地反映了我们的教学差距，是理念，更是教学行为的差距。珠江水与长江水的交汇让我们看到不同文化背景和地域下的教育……

三、文三街小学与朱雪莲校长

在我们跟岗实践活动期间，正是学校的家长开放周，每天都有一个年级的家长参加听课观摩活动，还有其他参访团到学校参观、学习。朱校长很忙，因此我们只能静静等待实践导师的出现和指导，如等待美丽的西子……

"认识平行"是朱校长上的一节展示课，课从"三只小老鼠闯迷宫"引入，让学生经历自主探究的过程：动手画图、图形分类、感知概念、理解概念、巩固概念。教学过程朴实而富有教师的人格魅力，学生静静地思考，积极地合作，在独立思考后的合作，不浮躁、不功利。

在评课与交流环节，我们更近距离地了解了朱校长的教学思想和办学理念。课间10分钟时间，我们开始了"争分夺秒"的交流，朱校长很随意地站在教室一角，侃侃而谈。

"教学要给足空间，给足孩子们思考的时间和空间，教师不要急在教学上，要慢在该慢时。慢，就是快，不懂就要慢，懂了才能更快。"学校摒弃"5+2、黑+白"的挤时间的学习方式，不要输在起跑线上的急功近利在这里很难找到。静待花开的境界是我们中国哲学的大智慧，宁静致远的智慧在朱校长的课堂和校园中体现得很好。为了印证我的猜想，我特意去各个课室查看他们的课表，都是普通的安排，也是学生最需要的课程需求，没有作秀，也不想作秀。

"作为教师，我们的最大价值应该体现在哪儿？教在学生最不理解的地方，学生自己能搞懂的不要急着告诉学生。"接着，她讲述了学校一位退休教师的辅导经历，孩子们不懂的问题她绝不轻易辅导，就让学生反复看书，直到弄懂为止。对于这样的坚持，刚开始学生不理解、家长不理解，后来成效越来越明显，这种理念也得到学校及其他教师的认同。"天使为什么飞得很高？因为她把自己看得很轻。好教师为什么能让学生发展更好？因为教师把自己放得很低，把学生看得很高。"这是一份温柔而有智慧的坚持，最终成就了一道美丽的风景线，成为文三街小学的教学特色。

后续的交谈，使我们了解到文三街小学的辉煌发展，也看到了我关注的小学数学学科在杭州、浙江甚至是全国的影响。文三街小学数学成为《杭州日报》推出的两个强市学科之一，就是一个例证。

朱校长很忙，我们没有更多的时间交流，给我们留下不少遗憾。"轻轻地我走了，正如我轻轻地来……"带走很多思考和期待，留下一张自己的名片，是为了预约今后的再次参访。朱校长很爽快地答应："王老师，你只要一个电话就可以了。"依然是那么真诚、爽快！

"不折腾，真教育。"这是文三街小学留给我的最具冲击力的感受。

为什么没有教科书①

早就听说澳洲的教育没有教科书，这激起了我无限探究的欲望，还没有出发去澳洲，我就购买了李晓雯、许云杰的著述——《没有教科书，给孩子无限可能的澳洲教育》，认真阅读起来。

亲历澳洲，在阿德莱德、墨尔本两座城市听专家、学者、教师的讲座，到各所学校跟岗，让我有了一次切身的体会，真切感受到澳洲没有教科书的奥秘。

一、国家多元文化的诉求

澳洲是一个移民国家，全国有来自200多个国家和地区的移民人口，不同的国家有着不同的民族文化、宗教信仰，这在客观上了造成了人民对于多元文化、多元要求的诉求。

教材的不统一会导致一系列问题出现，澳洲如何破解这些瓶颈问题，做到殊途同归呢？

二、全国统一教学大纲

为了实现教育培养的目标，达到教育目标的相对一致性和均衡性，澳洲联邦政府制定了全国统一的教学大纲，各州政府再根据全国统一大纲制定各州的教学大纲，州所管辖下的学校依据州政府的教学大纲，斟酌各学校的发展方向与需求，编写各学校专属的课程纲领，最后各学校的教师根据所属学校的纲领，设计自己科目的课程纲领。教学大纲的编制，在一定程度上保障了全国教

---

① 此文2020年2月发表于《当代教育家》。

育教学的统一性和规范性。

三、整合性课程的实施

澳洲教育，在全国统一教学大纲的基础上，实施、开展整合性课程教学，即在"单一学习的课程规划中，将相关学习领域整合进去"。在澳洲的小学里，一位英文老师，可能同时是科学老师、数学老师等，也被称为"全科教师"。这些教师在设计课程时，能自主地整合课程，实施整合性课程教学。这种整合性课程教学根本就不可能只用一本教科书，必须整合多方资源才可以实现教学目标的达成。

四、灵活的教师管理机制

澳洲制定了全国教师专业标准，并且教师有着较高的准入门槛。师范院校的学生通过大学三年的学习教育后，要经历一年的实习，实习结束后，经过教育部考核合格，才发给教师执业证书。这些教师在学校里，对于"不用教科书"和"如何设计课程纲领"已经有了系统、全面的培训。其他非师范类院校毕业的大学生，如果想当老师，也要经过1～2年的专业学习，取得相应的职业证照才可以上岗。

由于澳洲职场上，短期合约及临时工作的钟点费普遍比同性质的正式工作的钟点费用高出许多，所以，在澳洲的教育职场上活跃着一群优秀代课教师族群，他们拥有合格的教师执照，教师专业不输给正式教师，且因为能够自由弹性地支配时间，许多有想法的教师往往能在自己的专业上又规划出与自己专业相关的事业并回归到教学中。这些教师，有时受家长和学生的欢迎程度比正式教师还高。

五、立体、全方位的监督

没有教科书的澳洲教育，分别在三、五、七、九年级实行全国统考，接受政府评价，评价的结果并不评比、排名，但是会公布在"my school"网站

第四章 自传式教育叙事研究

上，接受社会的评价，从而推动教育的发展。

六、社会的通力合作与支持

在跟岗的浩莎迪小学，我们看到有社工参与学校的管理，SSO（school support office，即学校的支持、服务机构）人员参与学校事务的处理，同时也看到家长义工在图书馆整理图书。在参观功能房时，我们又看见了临时的外聘社会教师在摆弄孵化小鸡的温室箱，他热情地邀请我们届时可以一起参观孵化小鸡的过程。

在澳洲的教育体系里，社会对教育的重视程度已经达到很高的程度。有人说，在澳洲"生活即教育，遍地是教材"，这种情形是在整个国家全体人民对教育有正确认识的基础上形成的，各个机构整合成一个全面的系统，提供教学资源。社会的各个单位是教师教案设计背后最坚强的后盾，这使每日绞尽脑汁设计教案的教师，不至于沦落为孤军奋斗的打手。①

七、教学研究不断突破瓶颈

澳洲教育走在世界教育的前列，他们的研究也不停歇，项目学习、国际IB课程、STEM课程以及对特殊儿童的关注度，使他们的教育不断突破发展瓶颈，走在世界教育的前沿。

澳洲"看课"记②

在澳洲听课，因为不懂英语，全靠翻译，所以在我看来，并不能说是真

---

① 李晓雯，许云杰. 没有教科书，给孩子无限可能的澳洲教育［M］. 北京：首都师范大学出版社，2011：44.

② 此文2020年2月发表于《当代教育家》。

正意义上的听课，我把它戏称为"看课"。因为相信眼睛看到的才是真实的。

1. 澳洲教室像个生活大超市

进入澳洲的学校，你会感觉那里不太像学校，因为它往往跟社区连在一起，没有围墙，即使有也不高，或者是用矮矮的栅栏围着。围着是为了孩子的安全，并不是为了隔绝。进入教室，你会发现，他们的教室琳琅满目地摆放着各种各样的教具、学具，用筐装着，整齐摆放在一排排矮柜子里。有的教室还摆设着沙发，地上一律铺着地毯，供孩子们坐在地上学习、倾听、玩耍。墙上贴满了各种各样的展示，不过大多是学生学习后的成果分享。学生抬头就能看见，伸手就能找到自己想用的学具，如此便捷的教室，就像一个生活大超市。

2. 澳洲小学上课就像草场放牧

学生上课时，大多是坐在地毯上倾听、交流，遇到需要动手操作或小组合作时，他们或在地毯上、凳子上坐着，或站着，有的则离开座位去寻找资料，还有的可能拿着iPad在搜寻着什么，有时也会看到个别学生起身去洗手间或者喝水，整个教室看起来乱哄哄的样子，像在澳洲草场上放牧一样，到处都散落着学生。仔细倾听，上前查看、询问，却惊奇地发现，孩子们各有各的分工，都在忙着完成老师交给他们的学习任务。学习探究的空间很大，但是他们都能够找到自己努力的方向。

3. 全科教师既当教师也当"保姆"

澳洲的小学教师，按照担任的学科分类的话，可以分为全科教师和专任教师。全科教师实行坐班制，即一个班级一位教师任教英语、数学、科学等。全科教师一天是满负荷的工作量，除了要上自己的课之外，在其他教师上课时，他们还要跟班上课，协助辅导学生。同时课间的"morning tea"、中午的午餐都要监管。教孩子一天，就对孩子负责一天，既当教师，也当"保姆"。

4. 学生课堂学习如吃汉堡包

澳洲小学的教学，重视整合性学习，教师在设计课堂教学的时候，往往会根据某一个主题设计教学，一节课所包含的内容和涉及的知识都比较丰富。

4

而尤为突出的是正在开展的"STEM"（STEM是科学、技术、工程、数学的合称）课程，我们所跟岗的浩莎迪小学STEM专任教师执教"日和夜"一课，就围绕相关知识进行了综合性探究，从认识天体知识到主动选择一个感兴趣的主题探究，开展了一系列的学习探索之旅。学习过程犹如吃汉堡包，内容丰富，层层叠叠，交错进行。

没有欢迎仪式的浩莎迪小学[1]

早晨，在澳洲的阿德莱德市区坐上公交车，前往浩莎迪小学，大约经过40分钟的车程，到达目的地。我们一行5人，寻觅了一会儿，并没有见到我们想象中的大门，只好从侧门进入。在接待室门口，我们见到了微笑的值班教师，还有中国籍的社工实习生小陈。小陈告诉我们，校长外出开会了，大约10点半回来。我估摸着校长回来以后可能会搞一个简短的欢迎仪式，但是并没有，校长只是热情地与我们打招呼。上午六节课，中间休息时间，我们回到办公室，桌面上已经放好了水果等，些许失落的情绪有所缓解。

两天的跟岗学习，我发现，没有欢迎仪式的浩莎迪小学，还有许多没有的东西。

1. 是一所没有围墙的学校

学校坐落在一座小山坡上，周围用低矮的栅栏围着，到处都有出入口供人出入，学校后面是大操场，其实更应该说是大草坪，因为他们并不做课间操。草坪周围是大树以及向远处伸展的绿地，学校与大自然融为一体，回办公室的瞬间，我们看到了呆萌、可爱的小考拉在树底下慢悠悠地爬行，乐坏了大家。

---

[1] 此文2020年2月发表于《当代教育家》。

2. 是一所没有国旗悬挂的学校

听课期间，我习惯地打量教室的布置，教室里满满当当、整整齐齐地摆放着各种学习用品，而黑板上方并没有悬挂国旗，学校内也没有见到升旗台。我好奇地与小陈交流，小陈说："澳洲的爱国主义教育具体化为对家乡的热爱，对社区的归属感，他们注重对公民责任意识的培养，培养一个有责任意识、有担当的合格公民，就足够了。"朴实的话语道出了育人的真谛。

3. 是一所没有课间操的学校

学校从上午8点50分开始，连续三节课，一节课到另一节课之间没有铃声，学生和老师自然地过渡，好像在家里生活一样，中间没有课间10分钟。三节课后，是20分钟的休息时间，我想，该做课间操了吧。可是，与我想象得不一样，学生吃完自带的点心后，开始在操场自由活动。20分钟后，又开始上课，直到13点10分。在我们看来没有间隙的上课作息时间，我们累得手忙脚乱，他们却像在家里一样悠闲。上课时间，谁要去喝水、上厕所，只要打一声招呼就可以。听课时可以坐着、趴着、站着、躺着，但是依然井然有序。学习的劳心劳身就在这不经意间消失殆尽。学校是许多同学的家，一切那么自然、那么开心。

4. 是一所没有塑胶跑道的学校

塑胶跑道是我们国内很多学校的标配，但是这所学校没有，只有单双杠的活动区域，也并没有水泥围砌、沙子铺垫，而是自然地铺满木屑，环保又经济。

浩莎迪小学还有许多没有：没有雄伟的大门，没有教科书，没有早读课，没有写字课……但是这个没有教科书的学校，没有了许许多多的形式，却多了许许多多实实在在、鲜活的生活真实。

上课期间，野鸭在草坪的一角悠闲地踱步，考拉在桉树杈上甜甜入梦，一切都是那么自然而怡人。

让华人家长"抓狂"的小学数学

一大早，从墨尔本市区出发去圣公会学院，汽车司机兼导游华先生就和我们讨论，他是否该将孩子送回国内读书的事情。一方面他希望孩子学会普通话，另一方面又纠结于孩子在澳洲的数学学习。到了跟岗学校，我们看到了两位做义工的家长，他们也是华人，其中一位家长也迫不及待地表明了对孩子数学学习的担忧。

澳洲数学怎么啦？我们在跟岗的时候已经有所了解。对于大纲的编制而言，我们发现，孩子从一年级开始，就学习认数、做简单的加减法，还有对图形的认识，甚至有统计类的知识。但是学习的知识都很浅，也没有像我们一样系统地编排数学学习的内容，每学期、每学年都学一点数学知识，到了四年级，他们还在学习100以内数的加减运算。知识的编排面很广，但是不系统，没有深度，好像是"摊煎饼"，薄薄的、一层一层慢慢添加，这真的急坏了有着中国教育背景的家长们。家长坦言，孩子上四年级了，数学没有学到什么东西。所以，据说在墨尔本，社会培训机构进行的数学培训很热门，很多亚裔孩子都在里面学习。

下午与圣公会学院的小学校长交流，校长Nicola Treacey也坦言，他们的学生数学学习不好，并且很虚心地向我们请教，该如何提升学生的数学学习。

数学其实是逻辑性很强的学科，前后联系紧密，比较有系统性。这种学科特点导致在具有整合教学特点的澳洲做得有点"手忙脚乱"，做了整合，荒废了数学知识本身。就目前的教学状况而言，我感觉，澳洲的数学教学还有待改进。

但是，澳洲人是怎样理解的？我询问了华人家长义工，家长义工告诉我们："澳洲人并不着急。"他们不着急，一是因为他们没有华人家长的教育经历，在他们看来，数学教育向来如此，没有什么值得质疑的。二是澳洲的孩子职业规划有很多路径，他们并不像中国一样，千军万马都在挤着过高考这一"独木桥"。他们的孩子到了高中一年级，就可以选择自己的职业走向，选择职业教育的大部分学生不需要学习太多的数学知识。

在澳洲教育和中国教育之间是否能找到一条新的路径，突破数学学习的瓶颈呢？

阿德莱德的城市细节

刚到阿德莱德，我们就顺道去了格雷尔海滩，那里的碧海蓝天给我留下了深刻的印象。学习两周，我们对阿德莱德有了不少感性的体验，本想用"阿德莱德的城市精神"来描述，又感觉不妥。那我就来说说"阿德莱德的城市细节"吧。

1. 免费的有轨电车

一进入市区，我就被有轨电车吸引了，它有点像火车的样子，我们就干脆把它叫作"小火车"。它"哐哧哐哧"从远处来，驶到你的面前，又从你眼前离去，慢慢消失在城市的尽头，像穿过时光隧道，美妙而神奇。听说在市区可以免费乘坐，我们高兴地体验了几回，免费加时光穿越的感觉，真是美妙无比。

2. 下午5点歇业的商店

与女同事外出，她们谈论最多的是逛街购物，可惜澳洲商店一到下午5点就关门歇业了，只剩下饭店还在营业。这可苦了一帮美女，她们都抱怨"有钱不赚的澳洲人，真傻"。真傻吗？澳洲翻译王小姐告诉我们，澳洲人注重个人的生活品质，他们才不傻，都去享受生活了呢。

3. 中央广场踱步的野鸭

从酒店出发，步行10分钟，就可以到阿德莱德的中央广场了，广场不算大，但是绿草如茵，更让我们惊奇的是广场上生活着一群野鸭，它们并不怕人，在广场上悠闲地踱步。在街区，我们也经常能够看到鸽子、乌鸦等各类小鸟，它们在人群中飞舞、觅食。在跟岗的学校校园，我们看到了考拉呆萌、可爱的样子。人与动物的和谐相处，在澳洲到处可见。

4."任性"的公交车

去浩莎迪小学跟岗，我们要坐40分钟的公交车。这可急坏了我们，虽然在网上查找了路线，下载了公交车相关软件，但还是没有搞定如何坐公交车。还好同行翻译小王到酒店等我们，在公交车上，小王告诉我们，阿德莱德的城市公交路线通常用字母命名，但是她来阿德莱德快两年了，也没有搞清楚路线命名的基本规则。小王还告诉我们，自己需要到哪一个站点下车，你要提前按响铃声，不然司机是不会停车的。这么"任性"的公交车，我们还是第一次见，不知道他们如此设计有什么好处，但也只好入乡随俗。

在下午的回程路上，到达一个斜坡的车站时，车停了下来，汽车司机麻利地走出驾驶室，翻起了乘客区域的一排座位。我们感觉到好奇，之后司机迅速走下车，瞬间推进来一辆轮椅，是一位残疾人。就在这一瞬间，我对这"任性"的公交车有了新的认识。

5.奇怪的壁虎校徽

浩莎迪小学的校徽是壁虎图案加阿德莱德地图，我们都在揣摩这个校徽的用意，几天后，终于忍不住问校长："请问校长，你们的校徽代表着什么意义呢？"校长说："因为我们这个地区有很多壁虎，所以就用壁虎做校徽。""没有别的用意吗？"我们有点失望，希望校长能够说出一些高深的、意味深长的话语，但校长还是如实说，没有。如此坦诚的话语并不多见，这让我想起昨天听的一节数学课，数学老师出了一道计算题："用8、2、7、10、2、5六个数字，凑成477，你会吗？"学生经过大量计算，也没有得出结果来。我们揣摩认为，这是一道无解的题，教师只是在用这样一个方式训练学生做计算。下课后，为了验证我们的猜想，我们询问了老师。老师很认真地告诉我们："这道题应该是可以解答的，但是我也没有想出来。"如此实诚的大白话，你见得多吗？

6. 浩莎迪小学的walk课程

早上刚到学校，我们就赶去听walk课程。什么是walk？翻译告诉我们，就是去社区散步。我们一听，感觉更好奇了，是社区实践活动吗？还是社区远足？或是其他？我们跟着一起出发。一路上，小朋友们蹦蹦跳跳，高高兴兴，并不见老师停下来整顿纪律。有目的地吗？是不是去附近的花园？我们又在揣摩。浩莎迪小学的老师却不着急，边走边笑，走到山坡下的时候，他们停了下来，老师说："这里可以上山，有很多路，不过今天我们不上去，因为有点危险。"说完，又继续前行，路边花草在盛开，小鸟在欢叫，空气清新又凉爽。我们开始不再操心他们去往何方，有什么用意，而是专心享受这早晨的快乐时光。女同事开始拍照了，一路上开心地走着。不久之后，我们又回到了学校。瞬间，我们似乎顿悟了，有什么事比开心更重要吗？

阿德莱德，你感觉怎么样？

遇见孔子

早就听闻阿德莱德大学有一尊孔子塑像，趁学习间隙，我们去拜访阿德莱德大学，果然，在大学的一角赫然矗立着一尊孔子雕像，让我们见了肃然起敬，也由衷自豪。

去爱斯彭德花园小学跟岗学习，蓦然回首间，我又在学校的宣传栏看到了孔子的画像，那么亲切、自然，然后发现了他们学校的孔子学堂，其中两位中文老师专门教授汉语。遇见很多学校的学生，他们主动与我们打招呼："你好！你好！"一声声稚嫩但是不太标准的问好，让我们听着无比亲切和高兴。在参观校园的过程中，学校特意安排了两位高年级的学生，用中文向我们介绍学校，逗得我们开心地直笑，大家都非常默契地配合两位小小解说员，一路欢声笑语。

孔子是我们国家的教育圣人，他的教育思想已经遍布全球，许多国家都开设了孔子学院或是孔子学堂。其中，"因材施教"等教育思想大放异彩。

不过，这个因材施教，在国内外好像有着不同的理解和执行。在我们国家，我们说着、想着"因材施教"，但是做得更多的还是"因教材而施教"，课早就备好了，上课就按照这样的程序走，至于学生是如何学习的，我们可以不管，但是学生必须跟着我们的教学走。每一节课我们都很认真地落实知识的每一个细节，把知识目标落实得很到位，就是没有关注到学生学习的状况。他们是怎么学习的？被动接受。

在澳洲，他们的"因材施教"却是真正的因材施教，他们也许对于知识目标的落实没有我们做得到位，但是他们却始终关注学生的学习，他们真真正正开展了小组合作学习，自主探究学习，教的是知识，落实的更是学生学习能力的提升、学习习惯的培养、学习兴趣的激发、学习方法的提升以及好奇心的呵护。

再次遇见孔子，我有不同的感受。

第十节　自传式教育叙事研究案例（九）
——一点哲思

敌　人

小时候看电影，我们首先要搞明白的是，哪一帮是自己人，哪一帮是敌人。有时，看到敌人和自己人不是那么好分，我们就开始纳闷了，有时也就缺少了耐心，开始做自己的事情，只管让他们去厮杀。

长大后才发现，生活中并不都是像电影中那么敌我分明的。受电视、电影的影响，我感觉不太友好的日本、美国似乎是敌人，但又不像是，我们还经常合作、经常往来。

没有了针锋相对的敌人，敌人的概念在我们的脑海中渐渐淡化。

参加工作了，我每天忙于案前，身心疲惫，自然想到了锻炼。跑步是最适宜的一种运动，不需要结伴而行，也不需要特有场所，随时随地都可以实施。开始，我在一所乡间小学任教，学校旁边有一条马路，直伸向山顶，那里车辆很少，空气很清新。早上跑步锻炼的主意已定，第二天立马开始，在清晨的凉爽空气中开始了运动。空气中弥漫着树木带来的清新，耳边还有欢叫的鸟声，一切都是那么新鲜，那么令人兴奋。可是几天以后，这些感觉消失了，偶尔一点小雨，前一夜休息得不够好，都成为不跑步的理由。几个星期后才发现，不知道什么时候我已经不再晨练。如此几次挣扎，有一次坚持得最久，持续跑了三个多月，最后在"寒冷"的借口中终于彻底停了。

说是喜欢写作，但经常是想法大于行动，才坚持几天，又复归平静。据专家们说，开展教学反思是教师们成长的最好途径，我开始积累案例，撰写教学反思，但是这样的坚持仍然是断断续续，终究没有大成。

盼望已久的暑假开始了，我想，我可以做一些自己感兴趣的事情了，看书、写文章。可是，不到十天，心又开始厌倦了。

我终于知道，我的敌人在哪儿了。

于丹教授说得好："最好的进攻是朝自己进攻。"

喝茶闲谈

我不喜欢喝茶，因为喝茶似乎浪费时间；我更不喜欢晚上喝茶，因为喝茶让我无法入眠。

一大杯白开水，渴了"牛饮"，省事。记得师范毕业时，同学们多有一些小礼物赠送恩师，我苦于囊中羞涩，无以馈赠。班主任似乎察觉出了我的羞愧，赠我一句："君子之交淡如水。"好一句"淡如水"，让我终生难忘，还时常将其作为勉励自己的话语，也为喝白开水找到了最好的注脚。

前几年，去武夷山游玩，侄子谋职武夷山下，带我去他朋友的茶庄喝茶。茶香、水甜、人更美，我们都陶醉了。一边喝，一边听着武夷山茶的各类品种介绍：大红袍、马头岩、正山小种、铁罗汉……第二天，我们去了"大红袍茶叶种植基地"，继续接受茶文化的熏陶。这还不够，晚上的演出——"印象大红袍"，张艺谋导演把茶文化推广到了极致。赞叹之余，我们接受了侄子及其朋友的馈赠，把武夷山茶带回家慢慢品尝。

有了一次"醍醐灌顶"的茶文化教育，我开始关注茶事，也学着别人买了一些茶具。遇有朋友来到，座谈之间，品茶亦说茶，似乎多了一份悠闲、淡定。

广东人爱喝茶，这是世人都知道的事。不过，有很多广东朋友的喝茶还与早点、早餐相连，周末时间，一家人或三五好友相约酒店喝早茶，既吃早餐又喝茶，茶浓意浓，有说有笑，直到中午时分才慢慢散去。那种闲情，与广州大街上看到的行色匆匆截然不同。

端午佳节，我们一家也闲坐喝茶，从大红袍到铁观音，从英德红茶到普洱，挨个品尝。读高中的儿子心细，竟然还能品尝出武夷山茶的各种不同，并一一报出茶名，颇得我们赞赏。

好茶，清香甘冽，回味无穷，由浓变淡之间，茶水始终透明如玉、如缎、如霞……赏心又悦目，赞叹之余，我似乎多了一点领悟："君子之交淡如水"似乎应该是此种境界，交融之间又各得个中奥妙。

自知才疏学浅，我无意论茶道，也无法论茶道，但是喝茶的确让我开始喜欢上了茶道。

说起喝茶，我们不难想到"茶圣"陆羽。摘抄一首，仅作自勉："不羡黄金罍，不羡白玉杯；不羡朝入省，不羡暮入台；千羡万羡西江水，曾向竟陵城下来。"

剪 枝

阳台上种了一棵发财树，因为阳台"补漏"，叶子上滴了不少白色油漆。闲暇之余，我用湿布小心擦拭，依然斑斑点点。后来，我找了一把小刷子，沾水轻轻洗刷，还是无济于事。一怒之下，我把所有叶片剪光，只剩下光秃秃的枝干。老婆、孩子先后质疑我，我也有点担心，万一发财树不再长出新叶，而是死了，那还真有点可惜。立春以后，发财树开始抽出新芽，慢慢地，又是满树新绿，比当初更盛。我惊喜于当初的决断。

发财树的一边，还种了一盆鞭炮花，不到一年就开花了。在有阳光的日子里，鞭炮花特别爽眼。可惜，只有藤蔓末梢有几束。受了发财树剪枝的启

4

发，我大胆剪去了不少枝条，不久，鞭炮花也开始分枝生长，茂盛之景指日可待。想象中，满藤鲜花怒放，该是多么的绚烂。我想，不再一味向上攀爬，就应该会有一路的鲜花盛开，那不是更美吗？

出生于农村的我，对于花事知之甚少，由此受到的启发就更迟了。记得20世纪90年代中期，一个偶然的机会，我从乡下调任县城实验小学担任教导主任，感恩和感动之余，我经常忙于应酬，时间久了，终于厌倦，开始了外出的寻梦之旅。从福建到浙江，从浙江到广东，我不再忙于"人事应酬"，也不太在意别人如何评说，时间久了，渐渐有了自己内心的一份充实，文章不断发表，个人专著也慢慢有了……自我感觉简单的幸福就在身边。

剪枝，剪去多余的，不一味往高处攀爬，也能收获满眼春色。

说旅游

假期待在家中，想的却是旅游的事情。

其实，看起来很美好的事情，很多时候却是一种折磨。旅游，是那种不去后悔，去了更后悔的事情。

作家周国平说："旅游，其实就是从自己活腻的地方，到别人活腻的地方去看看。"

这种事情有意义吗？看起来很像无聊的加法交换律。可是，你管得住自己，却管不住自己的内心，尤其是内心的那点萌动和不甘寂寞。

大多数人旅游，其实是有很多期盼的。美丽的风景、诱人的美食，在远方召唤你，让你产生满满的期待。

云南丽江古城，悠闲的古街、缥缈的鼓点，抑或是油煎蚱蜢的香脆。

"请到天涯海角来！"这是歌手的呼唤，海南岛风情中，有的是椰汁的鲜香。

"红瓦绿树，碧海蓝天。"这是刚从青岛回来的感受，是粤人康有为长眠的天堂。

......

风景独好，再想想同行的人吧。一路欢声笑语，那是心与心的交流，摒弃了工作的烦恼，没有了私欲的争夺，都是行路人。

说到这儿，旅游，我倒是认为改称"旅行"更妥帖，我们的远方没有尽头，只有不停地行走，不是更让人期待？

"读万卷书，行万里路。"远方和诗留给我们的是无尽的遐想。

孩子说，不要旅游，要度假，要享受那份独特的心境，一份独自狂欢的心境，不被美景诱惑，而与美景同在。

旅游，不，是旅行，还会让你感觉到，家更可爱、家更温馨。家，是旅行后的休憩港湾。

人的一生，也许也是一场旅行吧？

视　野

小时候，家在农村大山深处，开门见山，很难想象山以外是什么样子。

第一次出远门，应该是随母亲去舅舅家。舅舅家在江西，也是山村，但那儿是个大山村，有上百户人家，相比我村只有七户人家，可真是天壤之别。村子中央有条河，在村口与另外一条河汇合，就有浩浩荡荡之势，令我大开眼界，惊奇之心常常写在脸上。

上小学三年级了，我离开"分部"去了"校本部"读书，二、三年级合在一个大教室上课，有三十几人。我有点目不暇接的感觉，到处都是人，还有10位老师，真了不起。

同班有几个女同学，其中有一个长得挺漂亮。期末时，我还跟她坐在一起参加考试，心里有点窃喜。

上初中了，我才知道我的小学是多么的小，小学女同学也不知怎么变丑了。

刚到中学读书，很多人都不习惯，想着要回家，所以学习成绩也不怎么好。初二年级时，我开始安心读书，考试竟然经常排在第一名，直至初三年级，这让我有点自豪感，优越感也自然产生。但是，好景不长，去师范读书时，我在学习上经常备受打击，总是有人比我学得好。更要命的是，师范学校重视音乐、美术、体育这种以前被我们瞧不起的学科，我一点优势也没有，有一次，体育差点要补考。借用时下的说法，真的"太伤自尊"。

参加工作了，我听天由命，被分配到乡下小学教书。那时，很羡慕在乡中心小学教书的老师。一次偶然的机会，我也被调到中心小学教书了，感觉真好。可是就在我"居安不思危"的时候，机会再次降临到我头上——我去了县城实验小学，并且担任教导主任。这让我有点措手不及，在这所学校，我踏踏实实工作了近10年。可是，出门的机会多了，见识也多了，我又开始不安分了。

想想以前，刚参加工作第三年，买辆自行车都兴奋得不得了，从县城直接骑车回家，将近30千米的路程，一点不觉得累。后来，有了风驰电掣的摩托车，上坡不用自己用力，真的开心得不行。再后来，做梦也没有想到，自己还会买小轿车，雨天、晴天都不怕的小轿车，远在几百千米外的家乡，半天就回去了。

我没有想到的，还有什么呢？我估计还有很多。我想，未知的幸福要来，就是未来对我们的诱惑吧。

哲学家叔本华说："每个人都把自己视野的极限当成世界的极限。"如果我们的视野不断被开阔，那我们的极限就永远没有极限。这应该是我们前行的动力吧！

说幸福

幸福是什么？有人说："小时候，幸福很简单，长大以后，简单就是幸福。"

"小时候，幸福很简单。"得到一块糖，买了一件新衣服，上学路上突然不下雨了，晚上没有作业……这些都会让你有满满的幸福感。

"长大以后，简单就是幸福。"出门不堵车，走走路就到了，该上班时上班，该下班时下班，打开家门，孩儿飞扑过来叫一声……这些简单的事情肯定会让你感觉幸福无限。

龙年春晚，我也开始赶时髦，与年轻人一起摇奖抢红包，结果除夕整夜，我只抢到三毛九分钱。春晚是什么？一点儿也不知道。我第一次感觉春晚不怎么好玩，以前欣赏春晚的愉悦感一点都没有了。这个不简单，让我不幸福。

20世纪80年代末，我曾经在乡下小学教书，现在回想起来，还是幸福写满回忆。那时候，没有什么会议，没有什么检查，晚上是就着煤油灯备课、改作业，仍然觉得幸福。我们静心教书，很少有人打扰我们。有人说："现在的教育，什么是创新，就是让老师静静教书，就足够了。但是没有哪一位领导敢这样做。"与时俱进，时间是前进了，但是大脑没有跟着走。"教育走得太快了，要等等落下的灵魂。"听，这是教师们的心声。

没有摩托车的时候，希望自己有辆摩托车；没有手机的时候，希望自己有部手机……现在好了，手机有了，小汽车也有了，随之而来的是QQ、微信、卫星定位……你随时都暴露在大庭广众之下。即使远隔千山万水，一个电话、一个短信，也能把你从最边远的地方"揪"出来。我们都居住在"地球村"了，你幸福吗？

别人在看电视，今天我强迫自己坐下来，要写杂论，但内心已经在抗争了，所以感觉不幸福了。

幸福不就是内心那一份独特的、真实的愉悦吗？为什么要逼迫自己变成不幸福的人呢？

"没事别随便思考人生。"自媒体人"鬼脚七"说。庸人自扰追求的折腾，把幸福折腾得全跑了。

人蚊大战

对于蚊子，我们熟悉且厌恶，但是有没有让你刻骨铭心的一段记忆呢？我估计这个应该不多。

我曾经去一所乡下小学任教——背寨小学，没有去之前，有人就告诉我，那里的蚊子特恶、特毒，还煞有介事地告诉我一句顺口溜："羊角水的兵，背寨的蚊。"（注：羊角水、背寨均为地方名）这句话的意思是："当年羊角水的兵和背寨的蚊子一样，都很凶猛。"但是，去过之后，没有感觉到那里的蚊子有什么特别的地方。也许，我当年足够肥嫩，区区蚊子伤害不了我。

后来工作变动，我调到东莞的另一所学校工作，学校分配给我一楼的房子做临时过渡。进去之后，我们才发现，教工宿舍楼紧挨着东莞市区的虎英公园，那里环境优美、空气清新，我们特高兴。但是邻居告诉我，这里蚊子特别多，我不屑地说："没事，我有蚊帐。"

第一天晚上，我们果然看到了很多蚊子。所以睡觉前，把蚊帐放好，可是半夜仍被蚊子咬醒了，我们只好起来赶蚊子，还好有电蚊拍，进来的都悉数消灭，有点窃喜。又睡了不到一个时辰，蚊子再次把我们弄醒，继续挥舞电蚊拍，打死可恶的蚊子近10只。有点烦恼，继续睡，可是不久，耳边还是听到有蚊子在声声叫唤。唉，都快天亮了。只好迷糊一会儿起床，心里想着，晚上买蚊香，搞死你们。

晚上下班一回家，我就点起了蚊香，只看见飞舞的蚊子像喝醉了酒，不断坠落，夫妻俩手起拍落，噼噼啪啪"电死"不少蚊子，解了心头大恨。心想：今晚可以睡个安稳觉了吧？可是，半夜还是被咬醒两次，被折磨得够呛。

老婆说："你不是很会反思吗？想想，究竟是怎么回事？"经过我一番仔细查找、反思，答案终于有了。蚊子是从蚊帐的四周空隙钻进来的，我们应该把蚊帐垂下的部分掖进草席，这样，蚊子就没法进来了。晚上果然好多了，可惜因为我夜半上厕所，让蚊子找了个空当，进来几个"敢死队成员"，好一阵疯咬，又上演了一场蚊子大战。

我们继续总结经验，夜半起床时，应该先抖动蚊帐，把周围的蚊子惊跑，再出去，这个办法果然好，"战场博弈"已经在向我们倾斜了。可惜，我经常因为半夜迷糊，记不住，挨了蚊子咬，还要挨老婆一顿数落。有时，又因为我太靠近蚊帐，蚊子就隔空"注射"，给了我很多教训。唉……

好不容易挨到周末，儿子读书回来了。夫妻俩多了一份力量，吃过晚饭，我们就上演"人蚊大战"。我们先把蚊香点上，关紧门窗，然后出去散步，让蚊子先享受一番。回到家，打开手电筒，先把地上的蚊子踩死。然后挥动电蚊拍一阵拍。最后剩下的智商高的蚊子就很难对付了。有的趴在天花板上，不下来。怎么办？儿子说："老爸，看来，我们要使用三十六计了。"儿子说着，拿出一根晾衣竿，"敲山震虎，声东击西"，果然有效，我就在旁边"守株待蚊"，对于钻进沙发底下、床底下的蚊子也是如法炮制。

一段时间后，我们结束了"人蚊大战"，开始各自忙活。刚开始忘记蚊子的事情，新一轮攻击又来了，不多，看不到，但是，在电脑桌底下、书桌旁、看电视间隙……它们朝你猛咬上一口，然后在你察觉之前迅速飞到你看不见的地方。我们又心生一计——"美人计"，干脆卷起裤腿，引诱它们来，手起巴掌落，可惜经常蚊子没有被打着，大腿和手掌却拍得生疼。

晚上睡觉还是有"人蚊大战"的故事，庆幸的是，儿子的蚊帐是蒙古包式的，应该没有问题，可是第二天，我们看到孩子的手臂上、大腿上都是蚊子叮咬的痕迹，这些蚊子又是隔空扑咬啊。

星期天晚上，我们合议，采取了连环计，先"调虎离山"，只开一个房间的灯，把里面能够拿走的东西尽量拿走，不让蚊子藏身，然后在外面点燃蚊香，唯独小房间没有蚊香，果然有不少蚊子朝那个房间飞去。待到时机成熟，我们"关门捉贼"，电蚊拍大显神威。有几次，忘记给电蚊拍充电，我们懊悔不已，夫妻俩还相互埋怨。

这样的情景天天上演，一天"疏于功课"，就要付出被蚊子咬的代价。

有人说，细节成就精彩。我的问题是，只要一天不关注细节，就成就了蚊子的好事，它们乘虚而入，骚扰不息，而我们战斗不止。

两个月过去了，好多同事都关切地问我："怎么瘦了这么多？是否工作太忙？压力太大？"我也分不清究竟是因为工作，还是因为蚊子给了我福利。

我只有默默祈祷冬天的早日到来，可惜，冬天来了，温度没有下降多少，蚊子依然攻势不减。

我知道："冬天来了，春天还会远吗？"春天要来，我还等什么？三十六计，走为上策，提前住进刚装修好的房子，结束了"人蚊大战"。

哲人说："阻挡你前进的不是高山大海，而往往是自己鞋底一颗小小的沙粒！"阻挡我前进的是一群百折不挠的蚊子，我记忆犹新，因为痛苦，也因为它们帮我们好好温习了一次"三十六计"。

参 考 文 献

[1] 傅敏，田慧生.课堂教学叙事研究：理论与实践［M］.北京：教育科学
出版社，2009.

[2] 陈亚明.小学数学教学叙事研究［M］.宁波：宁波出版社，2009.

[3] 刘良华.叙事教育学［M］.上海：华东师范大学出版社，2011.

[4] 王金发.小学数学学习病理学［M］.广州：广东高等教育出版社，2010.